名师成长书系

基于学科素养的生活语文实践

江海燕◎著

JIYU XUEKE SUYANG DE SHENGHUO YUWEN SHIJIAN

北方文艺出版社

图书在版编目（CIP）数据

基于学科素养的生活语文实践 / 江海燕著 . -- 哈尔滨 : 北方文艺出版社 , 2024.4
ISBN 978-7-5317-5849-5

Ⅰ . ①基… Ⅱ . ①江… Ⅲ . ①中学语文课 - 教学研究 Ⅳ . ① G633.302

中国国家版本馆 CIP 数据核字（2023）第 070118 号

基于学科素养的生活语文实践
JIYU XUEKE SUYANG DE SHENGHUO YUWEN SHIJIAN

作　者 / 江海燕　著
责任编辑 / 张贺然　常　青
封面设计 / 智诚原创

出版发行 / 北方文艺出版社
发行电话 /（0451）86825533
地　址 / 哈尔滨市南岗区宣庆小区 1 号楼
印　刷 / 三河市华东印刷有限公司
字　数 / 177 千
版　次 / 2024 年 4 月第 1 版
书　号 / ISBN 978-7-5317-5849-5
邮　编 / 150008
经　销 / 新华书店
网　址 / www.bfwy.com
开　本 / 710mm × 1000mm　1/ 16
印　张 / 11.25
印　次 / 2024 年 4 月第 1 次印刷
定　价 / 88.00 元

CONTENTS

目　录

第一章

源　起

语文是什么？对于这个问题，语文界一直都众说纷纭，因认识的不同而形成的流派也是百花齐放，异彩纷呈。从走上讲台执教我的第一节语文课开始，我就在思考这个问题。我觉得大家说得都对，又都有点不能让我信服的地方。我尝试着用一些老师的理念和做法去教学，有收获，也有遗憾。而让我逐渐明晰语文课程的性质和功能并最终形成我自己的教学主张的，是教学经历中一些比较特别的启发。

一、一个问题

2000 年暑假，高考成绩出来后，我的科代表莹莹来找我。平时成绩都在 110 分以上的她高考语文标准分只有 99 分，这与她平时的测试成绩相差太远。她很沮丧，说了一番让我很有感触的话：

"老师，我平时很努力地学习语文，而且花的时间也很多，平时考得也不错，可是这次连平均分都达不到。您看晓梅平时不怎么学语文，她却考出了 777 分的高分。难道语文考的是运气？"

当时，我是从教刚五年的年轻教师，莹莹是我教的第二届学生，我自己觉得在高三这一年，花了很多精力和心血，无论是教学方法还是学科知识，都比第一次教高三好了许多。整体成绩和平时相比没有多大区别，但就是有一些寄予厚望的学生没有取得理想的分数。请教年长的教师，他们说，语文就是这样，学得好的不一定就考得好，学得不好的也不一定就考得不好。我有些困惑，这么说，语文就是靠运气？平时的功夫都是白费吗？语文老师的作用又在哪里？

二、一次考试

2001 年，我继续教高三。这一年的年底，在学期末的高三模拟考试中校长特别安排了四个特别的考生和高三学生一起考试，两个是初三学生，两个是初二学生。我们当时觉得校长是在故意为难语文科组，以这种方式来证明他所认为的“语文老师教与不教没什么区别”的观点是正确的。考试结果还真是出乎我们的意料，四个学生的成绩全部超出年级平均分，有两个孩子考出了 115 分的高分。

这次考试让高中语文老师很沮丧，大家一方面觉得这样的测试简直是一种侮辱；另一方面又不得不承认有些初中的孩子也具备完成高考模拟题并且取得高分的能力。那么，高中的语文教学是否多余？

这件事情并没有就此结束。三年后，当初在初三时就参加高三模拟考试并获得 115 分的学生在高考中标准分 666 分，折算成原始分，大概是 116 分。三年的高中学习，语文成绩只提高了 1 分，这再一次狠狠地打击了高中语文老师。校长更是直接在教师大会上下结论：高中语文没有提升学生的语文成绩，课堂教学是无效的。

这个时候，我已经教了三届高三，这一年又将带第四届高三。校长的话使我对语文教学更加困惑。我开始思考：高中语文课在提高学生的语文成绩方面有何作用？高考语文成绩真的与上课关系不大？

只可惜，这一年我把主要的精力放在备考上，对于高一高二的语文课基本没有进行研究。不过，因为这一年我希望通过语文课的改变来提高学生的语文成绩，我借鉴了央视的《开心词典》和《非常 6+1》的节目形式，在我的课堂上开展了一些有趣的竞赛活动。高考取得了意料之外的好成绩，这也给了我极大鼓励：只要能够让学生动起来，让语文学习活起来，语文成绩是可以提升的。

三、一个词语

2013 年，我进入广东省中小学新一轮百千万名教师培养工程的第二年，听到了一场讲座，讲到了语言的雅与俗。教授举了一个例子，说有一次与一位很久未见的朋友见面时，对方第一句话便是：“老友，好久不见，工作很忙吧？看你的身形，与上次相比，清减了些。”教授说这“清减”二字一下子击中了他的心，觉得这个词太美太贴切了。而我在听他这么讲的时候，也仿佛见到他当时清清爽爽、儒雅俊秀的样子。这可比“瘦”字包含的韵味、意境丰富多了。

这个词可不是这位教授的朋友的独创。王实甫的《西厢记》里有词：“昨宵今日，清减了小腰围。”关汉卿也在《四春园》里写：“姐姐，你天生的花容月貌，这几日可怎生清减了，可端的为何也？”这里的“清减”都是“消瘦”的意思，可是如果换上“消瘦”二字，意思虽然没变，韵味就变了许多。而我虽然早就知道有“清减”这个词，也明明知道“清减”与“消瘦”的相同点和不同点，但是我从来没有对我的一段时间未见的朋友和亲人用上这个词，也并未听到我身边的人在生活中用过这个词。为什么教授的朋友能够脱口而出又如此自然？

语言文字的运用既来自生活的耳濡目染，也来自语文课堂。我们的语文课堂也在讲解文言文和诗歌，何以这些美好的词语未能出现在生活中？我们的语文课堂缺了什么？

四、一次参访

2014 年 10 月我有机会到外地参观学习两周。其间，到了多所中学深入课堂听课。给我留下深刻印象的有四节课，有三节是讲文言文，一节是现代诗歌创作。三节文言文课分别是《醉翁亭记》《桃花源记》《赤壁赋》。

讲《醉翁亭记》的老师已经年过花甲，是学校返聘的资深教师。他先是逐字逐句对第一段的字词进行讲解，涉及重点字词，会对字进行探源，讲字的构造、字的词义演变过程。然后让学生以小组为单位进行研讨。一节课 50 分钟，所讲内容并不多，但很扎实。

讲《桃花源记》的是一位较年轻的女教师。这节课是一节拓展课，由学生展示自己画的“心中的桃花源”作品并且解说。在这节课上我看到了当地学生的思维之发散、想象力之丰富、绘画技艺之成熟、语言表达之恰切。文言文也可以让学生有这么多的创造，真是让人惊叹。尤其让我震撼的是，学生对桃花源的理解，既可以是有父母在的小家，也可以是自己的独立空间，还可以是班级，只要有爱的地方皆是。“有爱的地方，就是桃花源”，老师抓住学生的这句话顺势总结提升，让整节课在学生的心灵震颤中结束。

《赤壁赋》这节课也给了我很多的惊喜和感悟。老师上课时穿的是一件印有“明月几时有”字样的宽松连衣裙，很应课文中的景。也是从疏通文意开始，讲重点字词的含义。但并不把字词的讲解当作重点，而是要学生联系生活体会文中人物的行为和情感。比如，平时开心的时候想做什么？在想唱歌的时候会想起哪些歌曲？为什么会想到这些歌？仿佛是把苏轼拉到了现实生活与在座的学生一起聊天，聊自己的得意与失意。

三节文言文课让我对当地的语文课有了这样的认识：注重文言字词的探源，注重文言文在生活中的运用，注重借助文言文传达中国传统文化与精神。语文课在这其中所起的作用无疑是很大的。这也让我领悟到语文是一种工具，用以表达和交流的工具；语文是一种能力，能够进行表达和交流的能力；语文是一种方式，以之来完成表达和交流。“表达和交流”就是语文教学的主要内容和目的。

五、一封书信

2014 年底，我在整理资料时找到之前在湛江一中教书时教过的一个学生的来信。这封信和其他五十多封信一起放在一个纸盒子里，摸起来比较厚，让我挑了出来，再次展开阅读。和第一次读时的情感不同，我多了一些思索。信上说：

“……你对我们说过：每天爱语文多一点儿。

“说实话，从小学到初中，似乎从来没真正爱上过语文，只是为了考试而学，还是那句话：直至遇到了你！我爸爸曾问我‘你为什么这么喜欢你的语文老师？’我说：‘她是个与众不同的语文老师，她会让你感觉到语文是如此优美、儒雅，像个从古代走来的女子。而她给你的感觉就如同这样，古典、美丽、端庄，知识渊博。当你上语文课时，你会很努力地去听，去记住每一个语文知识。因为她感染着你，让你也想能够拥有如此深厚的语文功底，成为像她一样的人。这不是应试教育！’

“真的，能有一位这样的语文老师是幸运的，让我能改变对语文的看法，能领略中国文字艺术对人的陶冶，而不再是一种负担！

“前几天，不少同学都看了你发在公共邮箱的信，更令人兴奋的是，信里竟提到了自己的名字！惊喜之外，更多的是一份感动……”

这封信让我更加明白，语文老师对语文的态度直接影响学生对语文的态度，也会影响学生对生活的态度，甚至可能会影响到学生的人生选择。语文是什么呢？她是一种态度，对待生活的态度；她是一种人格，用以生活的人格；她是一种观念，传递生活的美好。

或许，在高考中能够取得好成绩有时确实有运气的成分，但语文的作用远不止体现在高考成绩上。语文课堂可以传授高考必考的知识，可以让学生在愉快学习下获得较好的分数，但更为重要的是，语文跟人的一生息息相关。语文是生活的体现，也在体现着生活；语文受着五彩缤纷的生活的影响，又影响着千千万万人的生活。语文与生活紧密相关，语文应该是生活的，语文课堂也是生活课堂！

回想这些年我的语文课堂，从初上讲台时的全讲授灌输式到后来的让学生自由表达，从开始时只知道照本宣科到后来的联系生活，从只注重课本知识和考试内容到关注学生的精神成长和生命成长，我在对语文的认识之路上孜孜以求，从未停下脚步。一路走来，越来越鲜明地形成自己的教学特色：让学生自由表达，用语文表现生活，把生活搬到课堂。也因此越来越坚定我的语文教学主张：生活语文。

第二章

生活语文的理论依据

固然，我提出“生活语文”这个主张是因为自己对语文的性质和作用的认知，因为自己这些年的语文实践，但以“生活”来为我主张的语文教学贴标签，我还是参考了一些前人的理论的。

一、陶行知：生活即教育

中国人民教育家、思想家陶行知先生最早提出“生活教育”理念。“生活教育”是他的教育精髓之一，包含三大原理——“生活即教育”“社会即学校”“教学做合一”。“生活即教育”是陶行知生活教育理论的核心。什么是“生活教育”？陶行知指出：“生活教育是生活所原有，生活所自营，生活所必需的教育。教育的根本意义是生活之变化。生活无时不变，即生活无时不含有教育的意义。”既然生活、教育是人类社会原来就有的，那么生活便是教育，所谓“过什么生活便是受什么教育；过好的生活，便是受好的教育，过坏的生活，便是受坏的教育”。

他还指出，“生活教育与生俱来，与生同去。出世便是破蒙；进棺材才算毕业”。可见，“生活即教育”的基本含义是：第一，“生活即教育”是人类社会原来就有的，自有人类生活产生便有生活教育，生活教育随着人类生活的变化而变化。第二，“生活即教育”与人类社会现实中的种种生活是相应的，生活教育就是在生活中受教育，教育在种种生活中进行。第三，“生活即教育”是一种终身教育，与人生共始终的教育。

语文教学也是教育的一个内容，指向的也是人在生活中的感受、表达与交流。教育的根本意义是生活之变化，而语文表现得尤其明显。不同的时代，不同的区域，语文学习的内容和方式都不相同。

二、叶圣陶：在生活中学习语文

叶圣陶先生主张语文学习要结合生活，关注生活。他与夏丏尊合著的

《文心》和《七十二堂写作课》以及他独著的《落花水面皆文章》充分体现了他在写作教学上主张语文与生活紧密联系的理念。

他说，“写作就是说话，为了生活上的种种需要，把自己要说的话说出来”，“想把教师的话记下来，就有写笔记的需要；想把自己的情意告诉许多同学，就有写一篇文字的需要；离开了家庭或朋友，就有写信的需要：因有需要，才拿起笔来说话，这正同他孩子时代说‘吃’和‘抱’一样自然”。

叶圣陶先生强调写作的生活化和实用性，从学生的生活实际出发让学生了解到语文的功能和作用，也是从实际出发，让学生学会去运用语言。

三、吕叔湘：让语文课堂“活”起来

吕叔湘先生是我国著名的语言学家，一生致力于语言教育和语文教育实践，探索出很多具有重要意义的语文教育思想理论和教学方法。

吕叔湘先生讲，语文课跟别的课有点不同，学生随时随地都有学语文的机会。逛马路，马路旁边有广告牌；买东西，附带的说明书，到处可以学语文。他主张在实践中学习语文。在教学方法的选择上，吕叔湘给出了一个总的原则就是“活”。他强调：“教学法的效果不同，并不是由于这些教学法本身有多大高低差别，而是在于教师会不会活用，关键在于一个‘活’字……如果说一种教学法是一把钥匙，那么，在各种教学法上还有一把总钥匙，它的名字叫作‘活’。”这里强调的“活”是教师随机应变的能力，教师要善于根据教学实际进行灵活的处理，讲法也不能千篇一律。也就是说，教无定法。教学方法是为着教学服务的，要依据实际情况灵活地运用多种教学策略，而不能总是拘泥于某一种教学方法。从他的教学主张我们可以得到启发：在语文教学过程中，教师应充分结合学生的知识、能力和心理状况，因材施教，从学生出发，用学生感兴趣的生活实例引入，为学生创设一个真实的教学情境；在教学过程中增加有意义的教学活动，不断满足其求知的学习欲望，肯定学生主动求索的精神，学生有充分的机会积极主动参与这些学习活动并获得真实的学习体验。①

① 邵颖．吕叔湘的语文教学观 [J]. 课外语文（下），2016（010）：10，36.

四、李镇西：打破语文与生活的厚壁障

著名语文教师李镇西一生也致力于语文教学研究，他的语文课堂灵活多变，深受学生喜欢。他在一篇《语文“生活化”生活“语文化”》的文章里这样写道：“要使学生真正扎扎实实地掌握并得心应手地运用语文这一人生的工具，就必须打破语文与生活之间的‘厚壁障’，让语文教学与学生心灵相沟通，让语文课堂与社会天地相接壤。”

五、《普通高中语文课程标准（2017 年版）》：生活即语文

“语言文字是人类社会最重要的交际工具和信息载体，是人类文化的重要组成部分。语言文字的运用，包括生活、工作和学习中的听说读写活动，以及文学活动，存在于人类社会的各个领域。”

“语文课程应引导学生在真实的语言运用情境中，通过自主的语言实践活动，积累言语经验，把握祖国语言文字的特点和运用规律，加深对祖国语言文字的理解与热爱，培养运用祖国语言文字的能力；同时，发展思辨能力，提升思维品质，培育社会主义核心价值观，培养高尚的审美情趣，积累丰厚的文化底蕴，理解文化多样性。”

“以参与性、体验性、探究性的语文学习活动为主，增强课程内容与学生成长的联系，通过开放式学习，引导学生积极参与当代文化生活；注意调查访问与书面学习相结合，现状调查与比较研究相结合，分析研究与参与传播建设相结合，提高学生语文综合运用的能力。”

“注意在生活和跨学科的学习中学语文、用语文，在学习和运用的过程中提高表达、交流能力。能综合运用在语文与其他学科中获得的知识、能力和方法，运用多种方式展开交流和讨论，留心观察社会生活，丰富人生体验，有意识地积累写作素材，广泛搜集资料，根据表达需要和体裁要求，尝试多种文本的写作，相互交流。在实践活动中增强口头应用的能力，能根据交际的需要，选择恰当的时机和场合，提出话题，敏捷应对，注意表达效果。参加演讲与辩论，学习主持集会、演出等活动。”

第三章

我所理解的生活语文

语文必须与生活紧密联系，语文教学不可以脱离生活这个源头活水。这一点我坚信不移。只是，当我在开展各种语文与生活联系的教学活动时，学生从中得到的感悟，学生受到的感染和影响，学生因此而确立的人生观、价值观和世界观会不会直接影响他的高考语文成绩？我的生活语文的做法会不会是空中楼阁，是我的一厢情愿？教育最可怕的地方在于没有即时的效果，语文教学更不会立竿见影。

虽然有这种困惑和担心，但我还是坚信：走生活语文的道路，没有错。这种信心来源于以下三方面。

一、一份高考试卷

2014 年 10 月我在台湾访学两周，除了听课、听报告、听讲座，还去了书店寻找当地的高考资料。在听了几节原汁原味的文言文课之后，课堂上教师的引经据典、联系生活，学生的思维发散、畅所欲言让我很好奇，高考会以什么方式来证明这种课堂的有效性？看到试题的时候，我的内心一阵欢喜：这就是我喜欢的题目，是我想要的题目。

例题 1　下列文句内成语的运用，正确的选项是（　　）

A. 李大华的爸爸和妈妈身材都很高大，称得上是（椿萱并茂）。

B. 他把子女教养得很好，对子女而言，真可说是（无忝所生）了。

C. 小李经常花大钱买漂亮的衣服送给父母，不愧是（彩衣娱亲）的孝子。

D. 陈先生提早退休，全心照顾年迈的母亲，（乌鸟私情）的孝心，令人感动。

这道题考查成语的运用，用到的语境很生活化，就是生活中的平常事，但四个成语对于大陆的学生来说只有一个略微熟悉——乌鸟私情，说熟悉也不过是知道出自李密的《陈情表》，而怎么用几乎没人知道。其他几个成语也只有一些称得上是文化人的人才知道意思，但也极少运用。作为语文老师，我自然是知道这几个成语的，在此见到如此古雅又有丰富内涵的成语夹在与平常生活相关的语境中，不仅不觉突兀，反觉得有味。再一琢磨这道题，更觉得出题人用意深远了。这四个成语都与孝道有关。这不仅是考成语在生活中的运用，还考传统文化，弘扬中华传统美德，借此体现语文教学的立德树人的目的。

再来看另外一道题：

例题 2　古人论孝道的言论很多，如敬养父母、先意承志等。除了事亲之外，宝爱自身也是尽孝之道，下列文字，符合宝爱自身之孝的选项是（　　）

A. 孝子不登高，不履危。（《大戴礼记・曾子本孝》）

B. 父母之年，不可不知也。一则以喜，一则以惧。（《论语・里仁》）

C. 事父母几谏，见志不从，又敬不违，劳而不怨。（《论语・里仁》）

D. 身体发肤，受之父母，不敢毁伤，孝之始也。（《孝经・开宗明义章》）

E. 孝子之事亲也，居则致其敬，养则致其乐，病则致其忧，丧则致其哀，祭则致其严。（《孝经・纪孝行章》）

这道题直接就考“孝道”，所选材料都是儒家经典。我不知道这几句话是否来自教材，还是来自课外，不管是来自哪里，考查文言文这个目的是一样的，也是明确的。要做出正确的选择，得明白 A 项中“履”、B 项中“年”“以”、C 项中“几”“从”“劳”、D 项中“孝之始也”、E 项中“致”“严”的意思。这些字词句涉及文言文实词、虚词、句式等知识，一道题中出现这么多，达到了考查的目的。另外，所选材料指向一个主题——孝道，集中考查对中国传统文化特别是儒家文化中对人的塑造起到关键作用的精神源泉，对教学的导向性非常明显。

以上两道题既考语文知识，又考传统文化，更考品德修养，这样考查就让语文老师明白，语文教学，既要教知识，也得传承文化，还应塑造品德。语文，影响着一个人的一生。不仅如此，语文还直接应用在生活中。

例题 3 阅读下文，选出最符合作者想法的选项（ ）

生活开始变得简单：简单地吃，简单地睡，简单地面对人生中一切的复杂烦琐……非常规律。因为没有惊喜，也无须想象在行事之外，还有什么事情会来破坏已经安排好的一切。但总是一些无关紧要的场景，像是餐桌上的一对咖啡杯，沙发上随意摆放的一双靠枕，在不经意之间，引起我无穷无尽的想象。真要说还有什么值得我期待的，大概也就是将一张张日历撕下的过程，因为那提醒了我，别离的苦涩终会换来甜美的报偿。

A. 人生从来多憾，还君明珠泪垂

B. 别后思君之甚，欣信相逢有期

C. 春尽絮飞留不得，随风好去落谁家

D. 爱情犹如春梦，醒来方知是空

这道题考的是古代诗歌的理解和运用。我们现在的试卷考查古代诗歌有两道题，一道选择题，从内容、情感、语言赏析再到艺术手法都有涉及；另一道主观题，基本上考查情感或者艺术手法。难度比这道题大多了。作为语文老师，我在看到一首陌生的古代诗歌时，也可能会不清楚诗歌在表达什么。我常常想，我们为什么要学习古代诗歌呢？因为诗歌很美啊！美在哪里，美在能够用最贴切、最精练、最有感染力的字词描绘一幅画、叙述一件事、表达一份情、暗示出一种理、表现一份趣。这种美对于我们的生活的作用便是：让我们热爱人生、热爱生活，能够用以表现人生、表现生活。某个情境中，因有类似的情绪，心头涌起这些诗句，说出来，更能够引起共鸣。这应该是我们学习古代诗歌的主要目的吧。至于赏析文字与艺术，那是更高的要求，可以作为专业再去钻研与学习。

所以，我觉得这三道题是符合学生的生活实际的题目，是真正在告诉学生我学了语文可以做什么。语文来源于生活，最终指向生活。

二、我对生活的理解

生活是什么呢？百度百科这么解释：

生活是一个汉语词语，意思有：1. 生存；2. 使活命；3. 指恤养活人；4. 指为生存发展而进行各种活动；5. 指为生存发展而进行各种活动的经验；6. 指衣食住行等方面的情况、境况；7. 指生长；8. 指家产，生计；9. 活儿，工作；10. 指生活费用；11. 指用品，器物；12. 美事，美好的时光；13. 笔的别称。

广义上指人的各种活动，包括日常生活行为、学习、工作、休闲、社交、娱乐等。

生活是比生存更高层面的一种状态。

这些词义有一些已经在当代消失，不复再用。我所理解的生活包含以下三点内容：社会生活、日常生活、人处于这个世界上的一切活动。

1. 社会生活，就是形成社会的所有人、所有领域、所有阶层处在这个世界上的状态，这种状态的所有动态，以及支撑所有动态的环境。

比如，在我国国力强盛、科技发达的大环境下，大家能够和谐相处，彼此帮助，互相信任。“神舟十二号”载人飞船在酒泉卫星发射中心发射升空，准确进入预定轨道，顺利将聂海胜、刘伯明、汤洪波三名航天员送入太空，得到全球各界围观，强劲展示了中国航天航空技术的实力。2021 年东京奥林匹克运动会中国队射下首金，开赛三天每天都有《义勇军进行曲》在比赛场响起，国人纷纷变奥运冠军粉丝，热情歌颂，大胆表白。无论是政治上的大变革、经济上的大举措，还是文化上的小活动、体育界的小赛事；无论是国家的决策、省市的项目，还是邻里的纠纷、亲友的聚会，都构成社会生活的一个部分，共同形成丰富多彩的社会生活。

2. 日常生活，就是每个人在平时的生活。社会生活是宏观的生活，日常生活则是微观的生活。早起、洗漱、吃早餐、买菜、遇见熟人聊几句、回家、做饭、午休、看书、听音乐、聚会、逛街、看电影、旅行等，普通人的普通生活。但是由于每个人所处的环境、性格不同，日常生活的状态和动态也就不一样。

3. 人处于这个世界的一切活动。前面两种生活一个从宏观、一个从微观角度体现横向生活面，纵向生活面就是以时间为轴的人的生活轨迹、生存状态。小时候牙牙学语，上幼儿园后识字记数，小学之后随着年龄的增长有了自己的个性和想法，渐渐地有了自己的小圈子，有了自己的生活方式。每个人，存在于这个世界的一切状态，是他的生活。

无论是社会生活，还是日常生活；无论是与他人一起，还是单身独处，所有的活动都会涉及“体现状态”，都需要一个载体、一个媒介，那就是语言。我们平时上街买东西，与朋友一起谈天说地，在家里教导孩子，在外面帮助陌生人，也离不开语言这个媒介。单身独处就可以无须交流吗？可以不用表达吗？除非是绝情绝意无知无感，你可能会看书吧、听音乐吧，即使只是冥想，总有想的内容吧，不跟别人交流，可是也跟自己交流啊。

所以，生活离不开表达与交流。需要借助表达和交流来表现对待生活的态度，来展示用以生活的人格，来体现传递生活的美好。

而语文，正是——

一种工具：表达、交流；

一种能力：表达、交流；

一种方式：表达、交流；

一种态度：对待生活的态度；

一种人格：用以生活的人格；

一种观念：传递生活的美好。

三、国家相关教育文件的颁布

在教育方面，国家一直在集中力量寻求最佳路径。自2016年以来，随着《中国学生发展核心素养》《普通高中语文课程标准（2017年版）》《中国高考评价体系》等的发布与出版，高考的指向越来越明确：教育的目的就是培养全面发展的人。

2016年9月13日，林崇德在北师大发布了他带领的团队历经多年研究的成果《中国学生发展核心素养》。提出“中国学生发展核心素养，以科学性、时代性和民族性为基本原则，以培养‘全面发展的人’为核心，分为文化基础、自主发展、社会参与三个方面。综合表现为人文底蕴、科学精神、学会学习、健康生活、责任担当、实践创新六大素养，具体细化为国家认同等十八个基本要点。根据这一总体框架，可针对学生年龄特点进一步提出各学段学生的具体表现要求。”

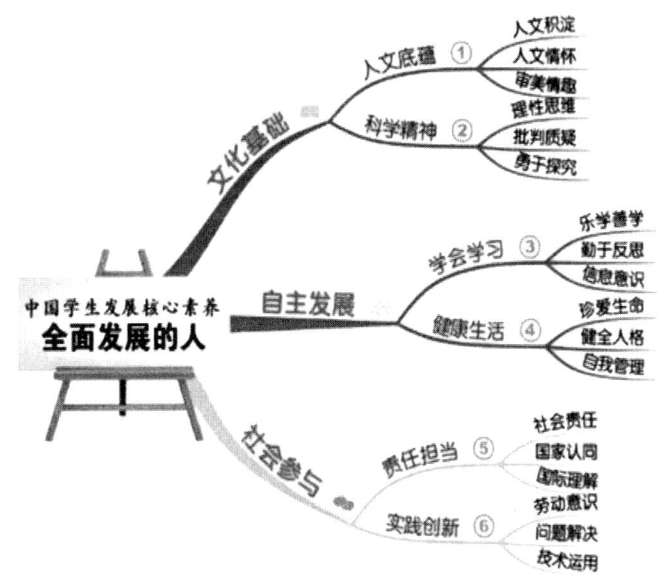

从这个中国学生发展核心素养框架图可以看出：学科知识只是学生学业的一个部分，学生的人文情怀、探索精神、自我管理、对生命的态度、对社会国家的认知、精神品质等都是在发展过程中要形成的素养内容。而这些都跟生活有关。

随着《中国学生发展核心素养》的发布，各个学科也明确了学科核心素养。《普通高中语文课程标准（2017 年版）》于 2017 年正式发布，并于 2020 年修订，书中明确了语文学科的性质、内容、目的和评价方式。明确语文学科核心素养为语言建构与运用、思维提升与发展、审美鉴赏与创造、文化理解与传承。四个学科核心素养都指向生活。“语言建构与运用”明确语言学习的目的就是建构与运用，为什么要建构，运用到哪里？社会生活、日常生活，以及自己所有的言行举止上。“思维提升与发展”也与生活分不开，如何体现提升与发展？思维最终还是以语言的方式呈现出来。“审美鉴赏与创造”更是直接关系到生活，对所读文章的审美，对所看电影电视的审美，对穿着打扮的审美，对行为举止的审美。美，是一种感觉，或许来自于知识，但作用于生活。“文化传承与理解”强调的是对优秀历史文化的传承，对不同文化的理解和接纳，既有纵深，又有横广，更涉及广阔的社会生活面。语文学科的教学是教育的一个方面，教育的目的是培养“全面发展的人”，语文教学在使学生成为一个全面发展的人上所起的作用便是使学生具有在生活中建构和运用语言、提升与发展思维、进行审美的鉴赏和创造、传承和理解文化的能力和素养。

2019 年 12 月《中国高考评价体系》及《中国高考评价体系说明》出版，“通过解决‘为什么考、考什么、怎么考’的 问题，从高考层面对‘培养什么人、怎样培养人、为谁培养 人’这一教育根本问题给出了回答。中国高考评价体系的科学构建，是从根本上解决教育评价指挥棒问题的重大举措之一，也是健全立德树人落实机制、实现德智体美劳全面发展育人目标的必经之路”。主要内容可以概括为“一核四层四翼”，如下图所示。

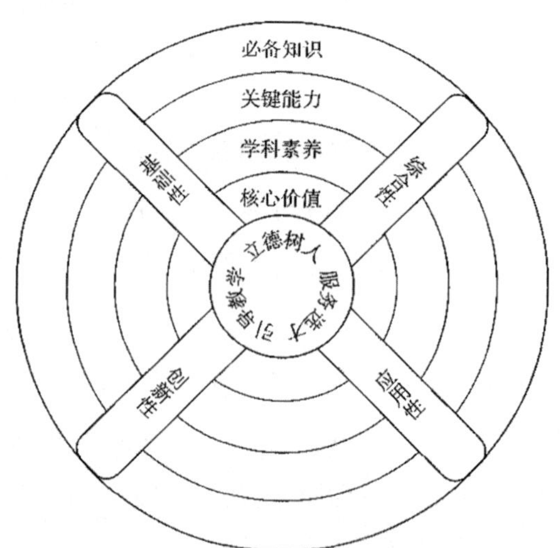

从“一核”内容可以看出高考的目的除了检测教学，还有培养品德、为社会选才，终点在社会服务。“四层”和“四翼”也强调知识的社会应用。《中国高考评价体系》中还明确规定了高考的考查载体是“情境”，以此承载考查内容，实现考查要求。“情境”包含生活场景，强调所有的知识要在生活场景中进行考查，为教学指明了路径和方法——联系生活，创设情境。

结合以上文件的内容，联系我二十多年的语文教学实际，我对于语文教学逐渐有了明晰的认识：

语文来源于生活，语文服务于生活，语文的指向是生活。

语文课堂是学生活跃思维的地方，是生动活泼的课堂。

语文就是让学生在活动中，鲜活的情境中学到知识。

语文能够让生命绽放光彩、永远保持鲜活状态。

生活语文既是与生活息息相关的语文，还是生动活泼的语文课堂，是学生活动的语文课堂，是学生生命鲜活绽放的语文课堂！

这就是我理解的生活语文。

第四章

我的生活语文实践

十六年来，我做过很多语文教学的尝试，课前三分钟、小组合作探究、阅读课、活动课、主题课、辩论课，从《开心词典》、《非常6+1》到《纸上论坛》、《吐槽大会》，从口头表扬到赠送礼物再到送你一朵小红花等，凡我觉得可以在语文课上进行操作的，我都会大胆尝试。总结起来，我的生活语文实践分为以下三大类：课程开发、课堂教学、激励评价。

一、课程开发

有一次，我参加一个面试答辩，主持人问我课程是什么，课程对于学校的意义何在。我当时是这样回答的：一般的课程包括三个部分——国家课程、地方课程和校本课程；课程就是学校开设的一切活动，学校通过课程来实施教育教学工作，课程是学生知识增长和能力提升的载体；未来学校之间的竞争既不在于生源的竞争，也不在于师资的竞争，而在于课程的竞争；能否开发出特色课程，能否让特色课程成为品牌课程应该是一个学校的生命力和竞争力所在。现在，我对于课程有了更深刻的理解。课程除了以上的内涵，还应该包括教师的每一个有独特个性的相对持续并且有一定体系的教学行为，我在这方面实践得比较多。下面我分选修课程、微型课程、活动课程三个部分来进行介绍。

（一）选修课程：语文因生活而多姿多彩

这个选修课程不是国家课程的选修课程，而是校本课程的选修课程。校本课程的选修课的开设一般有以下三种情况：其一，学校基于发展的需要确定特色课程，选定授课老师；其二，基于学生需求，招募老师；其三，因为教师本人有某些特长，提出申报，学校审批通过后定为校本课程。语文是一门包罗万象的学科，语文老师需要了解天文地理、科学艺术等其他学科的知识，有些语文老师对这些学科了解比较深入一些，就可以结合语文学科知识开设相关选修课。而语文本身涉及面极广。单从语言来说，就有文言文、现代文，有口语、书面语，有方言、普通话等。高中教材没有细细分类，但可以作为知识拓展开设课程。我是从 2004 年开始开设语文选修课的，这些年陆续开设了《红楼梦诗词鉴赏》《中国传统节日文化》《懂一点交际礼仪》《好好说话》《演讲的艺术》《表演的技巧》《对联与作文》等选修课。

我开设选修课一般基于两种考虑：一是有用；二是有趣。有用是指可以用于生活，用于考试。如果与考试毫不相关，即使有趣，也没有起到学校课程的目的；如果只是为了考试，而毫无趣味，学生不感兴趣，也没有人再选。

比如,《红楼梦诗词鉴赏》这门选修课，我决定开设的时候确定的目标是：

1. 了解《红楼梦》诗词在书中的特点和作用。

2. 通过鉴赏诗词了解人物性格。

3. 巩固诗歌鉴赏知识。

围绕这三个目标，我设计了课程内容：

课时	教学目标	教学内容
第一课时	了解《红楼梦》 了解《红楼梦》诗词的特点	多个版本的《红楼梦》比较 众说纷纭《红楼梦》 《红楼梦》诗词与《西游记》《三国演义》《水浒传》诗词的不同
第二课时	体会《红楼梦》诗词在书中"借题发挥，伤时骂世"的特点和作用	通过阅读相关情节，分析薛宝钗的《螃蟹咏》等诗歌，体会诗词在书中"借题发挥，伤时骂世"的作用
第三课时	体会《红楼梦》诗词在书中是"小说的有机组成部分"的特点和作用	与《三国演义》《水浒传》进行比较，阅读第五回体会《警幻仙姑赋》的精妙，阅读第二十二回体会禅诗和谜语的言外之意
第四课时	体会《红楼梦》诗词"按头制帽，诗即其人"的特点和作用	赏析海棠诗社众人不同风格的诗歌，感受不同人物的性格特点
第五、六课时	体会《红楼梦》诗词"谶语式的表现方法"的特点和作用。	赏析《金陵十二钗》判词和《好了歌》，体会其中的含义
第七课时	赏析《葬花词》	看电视，听歌曲，揣摩词意。联系诗词在《红楼梦》一书中的四个特点和作用进行赏析
第八、九课时	赏析《秋窗风雨夕》和《桃花行》	看电视，听歌曲，揣摩词意。联系诗词在《红楼梦》一书中的四个特点和作用进行赏析
第十课时	测试	任意选择《红楼梦》中的一首诗，对其特点和作用进行赏析

这个选修课程只安排了十个课时，在这十个课时里，我既有文本资料的准备，又有大量的影视资料，学生在听听看看中进入情境，在听我分析诗歌的不同中产生兴趣，测试显示效果比较好。虽然是选修课，但还是与学生的学习相关，与能力提升相关，又能拓展对《红楼梦》的认识，还有一些人生的启迪，达到了课程开设的目的。这个课程是2005年开设的，现在看来，既符合了《高中语文课程标准》要开设整本书阅读的要求，也体现了《中国学生发展核心素养》和《中国高考评价体系》提出的教育目的。

《红楼梦诗词鉴赏》属于课内知识拓展类选修课，在拓展知识的同时巩固了学科知识。《对联与作文》则是将课堂延伸至生活，更多地引导学生对文化进行传承和对生活进行关注。下面是我的设计。

<table>
<tr><th>课程名称</th><th>对联与作文</th><th>课程领域</th><th colspan="3">语文</th></tr>
<tr><td>总课时</td><td>18 课时</td><td>适用年级</td><td>高一至高三</td><td>学段</td><td>高中学段</td></tr>
<tr><td>学生、教材及其他资源背景分析</td><td colspan="5">高中新课标提到语文的学科核心素养为：语言建构与运用、思维发展与提升、审美鉴赏与创造、文化传承与理解。学习任务群 14《中华传统文化专题研讨》要求“选择中华优秀传统文化的内容组成专题进行深入研讨，旨在加深对传统文化的认识和理解，增强传承、弘扬中华传统文化的自信心、责任感”。对联是中华民族特有的语言形式，是中华传统文化中独具魅力的瑰宝，内涵丰富，应用广泛，不仅用于庆典、节日和平时的交往，还可以用于作文添加文采和意蕴。对对联的深入探究学习，可以让学生理解这一中华传统文化的特点，还可以通过对联了解历史文化知识，提升写作能力
高中学生经过九年义务教育语文课程训练，已经具备一定的语文素养与能力，对对联的了解也有基础，有些学生可能会对对联有较为浓厚的兴趣，如果进一步深入学习，能够在创作上进行指导和提升，会让学生多了一种社会能力和写作能力
选用自编教材</td></tr>
<tr><td>课程目标</td><td colspan="5">使学生通过课程了解对联的文化内涵，培养学生对传统文化的自信心和责任感
在熟悉对联撰写技巧的基础上能够进行对联创作，提升语言的建构与运用能力</td></tr>
</table>

（续表）

	实施内容	课时安排
课程内容/活动安排	1. 对联的特点与源流。从对联的发展、形式特点、功用方面进行介绍，了解对联的基本知识	2 课时
	2. 对联的格律。	2 课时
	3. 对联在生活中的运用	2 课时
	4. 对联的创作	2 课时
	5. 常见对联的创作	4 课时
	6. 对联在作文中的运用	5 课时
	7. 测试	1 课时
课程实施方式	1. 通过多媒体课件展示对联的发展与特点，让学生有直观的认识 2. 针对学生的认知层次讲述对联知识，让学生把握对联的格律 3. 让学生对生活中的对联进行收集分类，总结出不同类别的对联的特点，对对联在生活中的应用有深入的了解和认识 4. 给出场景，让学生尝试创作对联 5. 结合高考作文的要求，将对联写作融入作文训练中，引导学生将对联的创作技巧运用到写作文章中	
课程评价	1. 学生在课堂中的参与度、学习状态和学习效率 2. 学生在每一阶段学习的完成度、表现水平和合作能力 3. 举行实践活动进行课程成果展示 4. 期末考核成绩为平时表现得分与期末考试成绩相加，平时成绩占 60%，期末考试成绩占 40%	
考勤管理	课程考勤采取随堂点名制度，不得迟到早退，不能到课需提前向老师请假，否则扣除相应的平时成绩	
招生人数	30 人	

这个选修课程基于我自己对对联的喜好，觉得这是老祖宗留下来的非常特别又有韵味的一种语言形式，不能只停留在春节时贴春联、厅堂庙宇门前做摆设，而应该重新走进平常的生活，走进课堂，出现在平时的交流中、自己的随笔中和考场的作文里。对联最为讲究语言的锤炼，也体现思维的过程，能够给人以美感，又是传统文化。对联的学习，能够综合提升语文学科的四大核心素养。

这些年开设选修课程的经历让我对选修课程有了一些感悟。教师个人开设选修课一定要基于自己对某些内容的兴趣，而这个内容既要贴合学生的实际，也要贴合现实生活；开设选修课前要明确开设目标，课程内容；所开设的选修课程不能脱离高考。总之，“有用、有趣”应该是选修课程的特点。生活是丰富多彩的，基于生活的选修课程也让语文变得多姿多彩。

（二）微型课程：语文因生活而生动活泼

什么是微型课程？我把区别于内容较多、目标较大、时间较长的国家课程、校本课程等常规的课程称之为“微型课程”。顾名思义，“微型课程”就是非常小的课程。这个小具体表现在：单次课程时间短、单次课程内容少、课程目标小。简言之，就是小活动。比如，课前小热身、课后小探究、课上小总结都可以开发成课程。

1. 课前小热身

很多语文老师会利用好课前三分钟的时间做一些热身活动。比如自我介绍、赏析诗词、新闻播报，有的还会唱唱歌，说说故事之类的。这样做，一是营造氛围，带动情绪；二是锻炼表达或者温故知新。如果只是这样随意的小活动，那还不能称得上是课程，课程就应该是成体系的，不仅有学期体系，还应该有三年高中体系。我的课前小热身就是三年规划微型课程。

高一上学期：大胆推介。三分钟自我介绍，包括我是谁、我来自哪里、我觉得我有怎样的性格特点，我有哪些兴趣和特长，我希望和怎样的人做朋友。这样设计的目的：一是帮助刚进入高中的学生彼此了解，尽快融入新集体；二是锻炼语言的组织能力和表达能力；三是从自己和别人的介绍中学习叙述的技巧，高一上学期要学习写作复杂的记叙文，叙述是一项不可或缺的能力。能力训练指向两点：语言运用与建构，叙述条理清晰。

高一下学期：随意表白。随着相处时间变长，同学之间彼此有了深入的认识，所以这个学期我让学生表达自己对别人的看法。同样是三分钟，任选班上一位同学作为对象，讲述这位同学给你留下深刻印象的一件事情，向他表达自己对他的看法，或者表达自己的情意。设计的目的：一是培养学生能够欣赏他人的好品质；二是能够通过叙事表达自己的思想和观点。高一下学期开始学写议论文，议论要以叙述为基础，叙述的目的在于表明态度，这样的表达训练其实也是思维的训练。能力训练指向：语言运用与建构，审美鉴赏与创造，叙议有机结合。

高二上学期：新闻播报。从关注身边人到关注身边事，从关注身边事到关注校外事、社会事、国家事、世界事。三分钟新闻播报可以选取任何新闻内容，但必须是近两周内发生的事情，要把新闻的六大要素都播报出来，还要有自己的评议。高二的学生已经有了自己的是非观，对社会现象有基本的判断。但是很多人只读眼前书，甚少关注窗外事。这个活动让学生关注社会生活，借此积累素材；同时，对新闻的播报和评析既巩固了新闻知识，又提升了思维能力。能力训练指向：语言运用与建构，思维提升与发展，准确表达自己的观点。

高二下学期：艺术熏陶。这个学期语文教材基本都是选修教材，有小说、散文、诗歌等专题学习。学生在学习过程中既可以感受到中国传统文化的艺术魅力，也能够感受到国外小说诗歌别样的艺术美。课前三分钟我安排的活动是任选自己觉得美的艺术形式（推荐中国古代诗歌），赏析作品的美。如果是诗歌，借此机会锻炼学生的诗歌鉴赏能力；如果是小说，锻炼小说的鉴赏能力；如果是音乐或者绘画，可以锻炼学生的审美角度和审美逻辑。赏析也是需要有理有据的，议论文写作中需要的逻辑思维能力也可以借此得到锻炼。能力训练指向：语言运用与建构，审美鉴赏与创造，文化理解与传承，议论有理有据。

高三上学期：论得有理。到了高三，进入全面复习，议论文写作要求更高。所以这个学期的课前三分钟，我让学生就最近的一个热点形成自己的观点，然后进行阐述，以观点为中心，用事实论据和理论论据来证明观点的正确性。三分钟说不了多少，但一个理由足矣。如果能够写好一个论述段，其他几个论述段也能写好。能力训练指向：语言运用与建构，思维提升与发展，议论充分有条理。

高三下学期：说得漂亮。最后一个学期，该是提升阶段。思维上已经锻炼了三个学期，这个学期的提升就落在语言上，所以我提出要“说得漂亮”。

在“论得有理”的基础上，斟酌语言，尽量用对称句、用比喻句、用排比句分析论证、总结概括。先叙述社会热点现象，要求高度概括；然后分析现象本质或者原因；再指出问题、提出建议或者得出结论。能力训练指向：语言运用与建构，文化理解与传承，思维提升与发展，议论有理有据有力。

操作起来也比较简单，主要是要做好两个准备和两个坚持。

——两个准备

一是确定负责人，按照怎样的序号轮换展示，由负责人确定。一旦确定下来，整个学期就按照要求执行。负责人每周五要提醒下周准备讲述的组或者同学，每天要提醒轮到的组的组长或个人第二天的讲述。

二是明确要求。三分钟的讲述，内容是什么，按照什么顺序讲，要体现什么，声音怎样，都必须明确，负责人要落实。

——两个坚持

一是坚持有人做记录。由负责人安排人员对每天讲述的同学、讲述的内容进行记录。记录只需摘要，不必翔实。

二是坚持每月总结。负责人对同学的表现进行总结评价，提出问题，不断改善。

大胆推介、随意表白、新闻播报、艺术熏陶、论得有理、说得漂亮这六个专题，看似简单的课前三分钟活动，实际上已经形成贯穿三年的写作训练体系，而且每个部分都与学生的发展相对应，遵循教学的发展规律，将学科知识、学习能力与品德塑造融于一体；同时又能兼顾语言建构与运用、思维提升与发展、审美鉴赏与创造、文化传承与理解四大核心素养，可谓是较为成熟的微型课程。

2. 课上小总结

不同的课文，教学重点和教学目标也不同；同一篇课文，不同的课时也有不同的目标。有时重视知识的讲授，有时重视方法的指导，有时重视思想的启迪，有时重视情感的熏陶，有时又重视人生的引导、品德的塑造。而这些目标，都可以通过一个小小的环节达到，那就是课上总结。

课上总结很有必要，既是对本堂课的知识梳理，又是对知识的查漏补缺，还可以借助总结的方式进行强调和提升，为下节课做好过渡。总结的好处老师们都知道，但如何总结、谁来总结，有些老师就比较随意，这样的总结并非我说的微型课程。我所说的课上小总结微型课程从作用上可分为以下四种：个性表达、知识梳理、查漏补缺、知识建构。

（1）个性表达。个性，指的是学生的个性，总结人是学生。在教师组织学生完成一节课的学习之后，学生针对课堂所讲核心内容，用自己的理解进行讲述，或者提出自己的看法。既可随意让某个同学讲，也可让专门的同学来负责，还可以让科代表提前布置全班同学轮流讲述。一节课的个性表达式总结安排一个同学即可，老师是否需要补充，视这位同学所讲内容而定。个性表达这个环节一定要明确要求：一是围绕本节课重点；二是可以适当联想；三是要有自己的收获。鼓励学生有自己的独特方法和独特见解。比如，在教学《记梁任公先生的一次演讲》的时候，有个学生在最后总结时这么说：

今天学习的课文，让我看到一个谦逊而又自负，沉着而又幽默。演讲既能手之足之舞之蹈之，又能够涕泗横流之中开口大笑的梁任公。

我不喜欢“启超”这个名，太板硬，太普通。我更喜欢用“任公”来称呼那个身上闪耀着人性光芒的学者大家。同样，作为听众的实秋先生也是一个具有独特人格魅力的人。他能如此投入地去倾听梁任公的演讲，在二十余年后还能忆起；他也拥有一颗如此细致温暖的心，去为想不出词的先生“屏息静待”，在他想出后能“跟着他欢喜”。这就说明了。梁实秋先生同样有着令人感到温暖的人性。

何谓人性？

所谓人性，是作为人具有的，与动植物不同的特别存在的性情。可以很简单，也可以很复杂。比如，按照我的理解，能够为一些简单的小事而感动，这是一种人性；在满足了容易满足的欲望之后，会刺激出更大的欲望，这也是一种人性；在面临着巨大的危险的时候，会害怕，会逃避，这也是人性。这都是作为人的我们所具有的，只是我们是否能抑制住坏的，发掘出好的罢了。

曾经有一次，我正在琴行中浏览。忽然外面爆发出一声："抢劫啊！"我站在门口，看着满大街的人都在观望，老板说刚刚有个抢钱的人从这儿跑过去了。我问道："跑的？"老板说："当然了"我忽然有一种异样的感觉。从南华路口一直到琴行，是一条笔直的马路。罪犯就这么从这儿跑过去，逃掉，而知情的群众没有一个拦截的。先撇开公德良心不说，而有人就会言之凿凿地为自己辩护："人嘛！总会害怕危险，怕失去生命才不去追赶。这是人性，很正常啊！"

是的，我承认，这是人性。但是如果说人性上的弱点可以让自己忘却正义的话那也就意味着被天性控制了，也就不能算是"人"了。然而，现今社会上却存在着越来越多这样的"人性"。

所以，我们感动的时刻越来越少；我们悲悯的时间越来越短。当生与死都不能使我们感动时，人性也正被研磨得一点一点地失去光芒，变得混沌不堪。

初中老师有一段让我印象深刻的话："科学进步是好事。但科学进步使我们忘记了嫦娥，忘记了玉皇大帝，忘记了因果循环、善恶报应，使我们自以为是地无所畏惧，所以人性的弱点才会越来越多地暴露出来，人也变得越来越麻木，越来越丑恶。"

今天学习这篇课文让我产生乐观的想法。世上总会存在黑暗的角落，人性上的弱点也不可避免地存在。但只要坚持光明的理念，人性，总是会有粲洁光芒的。

这个孩子能够在上完课后迅速找到一个总结的点，又能够如此有条理有思想地说出自己的感悟，既有对课文的总结，又有对社会的思考，很有感染力，可以看出平时是爱思考的，语文功底也很好。大多数孩子没有这样的思维能力和表达能力。但是，只要有几个这样的学生，就可以影响到全班，孩子们在这样的氛围中也能促进自己的表达能力和思维能力的提升。

（2）知识梳理。很多有经验的老师会经常用知识梳理的方法来对一节课进行总结，但大多数梳理工作都是老师自己来做。我觉得把这个工作交给学生也可以，甚至比老师自己梳理效果还好。在让学生进行知识梳理前，老师要有一段时间的示范，让学生习惯学习过的内容就要进行知识梳理，而知识梳理是最好的复习巩固旧知识、预习新知识的方法。梳理的方法可以不同：思维导图式、图标式、概述式。我比较推崇思维导图式，特别是高三复习课，知识梳理的作用显而易见。一般由学生在黑板上展示，边展示边总结，老师进行补充和评价，课后学生自己再做整理。知识梳理并非每节课都有，本节课侧重知识学习的时候用最为合适。比如，我在复习文言文断句的时候，学生根据所讲的内容绘制成以下思维导图：

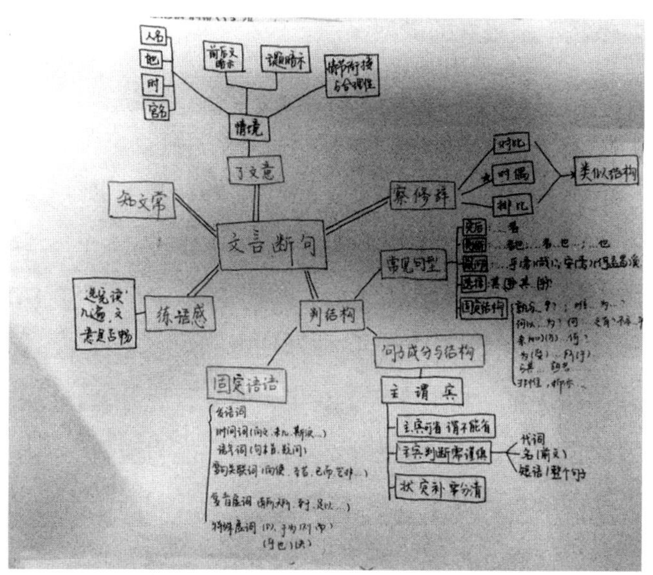

这份思维导图虽然文字不多，但层次分明，结构清晰。既对所学内容进行了全面总结梳理，又可为以后的复习提供参考。在文言文教学、作文教学及高三各知识点的复习教学上，我都采用这种方式让学生自己在梳理过程中巩固所学。

（3）查漏补缺。课上总结还有查漏补缺的好处。即使备了课，也不一定会把所有准备好的内容讲完，有时候甚至会漏掉关键的环节和知识，课上总结可以及时进行补充。通常由老师进行总结。

（4）知识建构。这一点既是课上总结的目的，也是一种方式。学生学习知识最终需要将书本和老师所讲知识建构成自己的知识，如此，才算是掌握，才能形成自己的能力。一节课所讲知识不少，每个学生领悟到或者掌握的并不相同。若是以知识传授为主的课，既可以由老师进行总结梳理，引导学生建构知识，也可以直接由学生进行总结梳理，然后建构起自己的知识。若是遇上有争议的内容，没有标准答案的，则交由学生自己去思考，得出自己的结论。

总之，课上总结虽然只是一个小小的教学环节，但它的作用不可小觑。形成习惯之后，学生就可以养成个性表达、知识梳理、查漏补缺和知识建构的良好品质，这种单次课程时间短、单次课程内容少、课程目标小又能长期坚持的固定的做法就是很好的微型课程。

3. 课后小探究

2004 年高中语文课程标准进行了修订，修订后的新课标提出了“自主、合作、探究”的学习要求。从那以后，凡公开课必有小组合作探究，探究成为语文教学的热词。

探究，顾名思义就是要探索研究。新课标里对探究有一段说明：“未来社会要求人们思想敏锐，富有探索精神和创新能力，对自然、社会和人生具有更深刻的思考和认识。高中学生正在走向成年，思维渐趋成熟，已具有一定的阅读表达能力和知识积累，发展他们的探究能力应成为高中语文课程的重要任务。应在继续提高学生观察、感受、分析、判断能力的同时，重点关注学生思考问题的深度和广度，使学生增强探究意识和兴趣，学习探究的方法，使语文学习的过程成为积极主动探索未知领域的过程。”所以，阅读教学不能只限于把握课文的基本内容，还应该指导学生去感受、去思考、去分析。感受语言的美，感受形象的美，感受作者的心、作者的情，而又由此联系自身或是周围社会生出新的感受；思考文中的哲理，思考形象的意义，思考文章的主旨，进而去思考人生、思考社会；分析文化的内涵，分析作品的社会意义和现实意义，分析作者的观点或态度，从而学会深刻地看问题、多角度看问题，形成个性阅读思维。

当然，在课堂上没有时间让学生尽情地感受思考分析，我主张在进行阅读教学时，每一篇阅读文章教完之后学生有一种意犹未尽的感觉，正因为意未尽，学生便有兴趣自己去探索去追根究底。开始，学生并不懂得如何去探究，我指导学生按照如下思路去阅读课文：

认识—对话—思考—发现—领悟—吸收—拓展—创新

●认识，就是了解是什么，把握基本内容、基本知识。

●对话，自己选择一个角度，置身其中，进一步了解内在。

●思考，在对话过程中可能出现困惑或者问题，自己利用已学知识进行分析。

●发现，发现新问题或有了新感受。

●领悟，有了自己的结论和收获。

●吸收，将新的结论或收获运用于自己的学习与生活中。

●拓展，能由此及彼，举一反三地加以运用。

●创新，怀有强烈的兴趣和激情，敢于领异标新，走进新的领域，尝试新的方法，追求思维的创新、表达的创新。

为了让学生感兴趣和有话要说，从必修一到必修五，每一篇阅读文章我都精心设计了几个探究话题。一开始，学生完全就我的话题进行探究，到后来，我欣喜地看到学生自己有了话题。探究的文章因为由学生自己选题目，篇幅和形式都不限，学生写起来可以自由发挥畅所欲言，所以不比应试作文来得生硬，真正地显示学生的内心，展现学生的思维，而又灵活生动，有的作品让老师都自愧不如。而在探究过程中，受益最大的，还是学生自己。

这个探究就是我说的课后小探究，包括人物评析、文章续（改）写、手法初探、语言品赏、主题探究、联系生活六大内容。

人物评析。在学完有人物的课文之后，学生对人物有看法，根据我拟定的探究题目或者他自己定一个方向进行探究。比如学习《祝福》，祥林嫂的悲剧是谁造成的？鲁镇的人们有没有责任？“我”有没有责任？如果祥林嫂生活在当代，她的结局有怎样的不同？学习《老人与海》，可以引导学生由桑地亚哥联想到别的作品中的人物，联想到现实生活中的人物，将这些人联系起来，描绘一幅铁骨铮铮的硬汉群像。人物评析指向对主题的剖析，也指向思辨能力的训练，这种探究能够让学生思维活跃，思考深入。

请看下面这篇探究文章：

壮烈阻挡不了历史

——对荆轲之评

湛江一中高一（3）班　文巨通

荆轲刺秦王，壮士永不屈。对于荆轲刺秦王的故事，肯定是家喻户晓了。荆轲的威武形象和壮烈的英雄事迹，成了历史的沧桑，也为不少人所感动。当然，也有人对荆轲持有怀疑的态度，认为他只是为了利益而去牺牲。

其实，自古以来对荆轲的评价便是褒贬不一，因此我认为应从两个角度去分析。

一方面，荆轲是为了利益而去行刺的。众所周知，太子丹和荆轲并不是什么知己，太子丹请荆轲回来帮他执行任务，就必定先使他忠于自己。于是，太子丹对荆轲赏赐了大量钱财宝物，同时也给了他美女。荆轲看到眼前如此多的自己从未有过的东西，于是决定为太子丹效力。荆轲想，这次赴秦如果完成了任务，就必定可以享受这笔财富，即便自己不幸遇难，也有子孙享受的份儿。抱着这种心态，荆轲上路了。

另一方面，荆轲是为了燕国人民的幸福而去行刺的。当时，秦已经灭掉了其他国家，燕国正岌岌可危。百姓这时的生活正处于水深火热中。男丁要充军戍边，不能见母，不能看妻不能陪儿；而家中的老人和妇女，日夜辛苦耕作，为了补给军粮。一旦秦国入侵，战争又要死伤多少人，又有多少人流离失所。而秦国如果统治了燕国后，又肯定会对这些原本不属于秦国的民众实施暴政和高压。因此，荆轲不忍心民众再受如此多苦难，决定表面以为太子丹完成任务的名义，去行刺秦王。即使牺牲小我，成全的可是千百万的人民群众呀！

综合以上两种分析，不用说我如何看待，大家都会认同后者。确实，荆轲是一个侠肝义胆，不怕牺牲的英雄。一个人如果以利益为核心的话，那么以个人利益为重的荆轲哪有以人民利益为重的荆轲那么有勇气，去面对森严的秦庭、无数的士兵和武器，以及早有天子之气的秦王仍面不改色，充满勇气地完成这一壮烈的行动，尽管没有成功完成。试想想，如果荆轲只是个自私自利的人，那么他到秦庭肯定会惧怕，倒不如事先把所有的事情和燕国的状况说给秦王，以立大功寻求奖赏罢了。这样还可以保住性命。但荆轲没有，他的壮烈事迹证明了他是一个顶天立地的英雄。

但大一统是历史的趋势，社会发展的潮流，如果秦不能统一六国，中国的社会也会倒退。因此，历史便是如此，它不因个人的意志而改变其潮流趋势。壮烈阻挡不了历史，它只会为那个烽火连天的年代增添几分沧桑罢了。但是，荆轲的英雄气概，将永远留在世人的心中！

这篇人物评议是学习完《荆轲刺秦王》之后写的，作者对荆轲刺秦的目的进行了分析，还能站在历史的角度，对荆轲刺秦作出自己的评价，有自己的思考。

文章续（改）写。这是探究的另一种形式。续写要基于对原文的整体把握，对人物的全面了解，对细节的独到感受。可以续写的课文一般是小说，可以顺着原故事的结尾往下写，时间和空间上都还以原文为依照，没有太大的变动；也可以变换时空，让人物穿越到故事发生之前若干年或者之后若干年，但必须符合逻辑。比如，《边城》最后并没有交代翠翠与傩送是否有情人终成眷属，就可以根据前面的情节续写一个结尾。改写则是将原文中的某一个情节换掉，大多数都是改写结尾。比如，《装在套子里的人》结局是别里科夫死了，本来以为社会多少会有所改变，但是没多久，一切又恢复原样。改写的结尾可以设想别里科夫没有死，和华连卡结婚了。

请看下面这篇探究文章：

别里科夫结婚以后

湛江一中高二（25）班　李一展

在校长太太的极力撮合之下，华连卡和别里科夫逐渐走到了一起。过了一段时间，两人决定结婚了。

既然两人要结婚，那他们就不可能再和教师布尔金住同一所房子了。两人开始寻找新居，为此，两人有过不少争执。华连卡喜欢宽敞明亮的大房子，而别里科夫只喜欢小房子。最终，华连卡做出了让步，买了一间不足60平方米的小房子。

到了结婚那天，别里科夫异常紧张，嘴里不住地念叨着：“可千万别出什么乱子啊！”很幸运，婚礼进行得十分顺利。人们欢送着他们，祝贺着他们。华连卡觉得自己是世界上最幸福的女人。

婚后，两人平静地过了几天。可是，一星期后争吵又开始了。起因是华连卡想买一辆自行车，方便自己上街买菜。可是别里科夫却认为一个女人踩着自行车上路是十分危险的行为，极力阻止她的想法。华连卡看在新婚的分儿上，忍住了自己的冲动，不再提这件事了。

可是，一波未平一波又起。别里科夫家里的争吵声不断，但是每次都是以华连卡的让步而告终，久而久之，华连卡渐渐忍不住了。

婚后一个月多一点儿，导火线终于被点燃了。

华连卡的父母被升了官，将要去参加一个朋友的聚会。华连卡的母亲想把女儿叫回来见识一下，就当华连卡收拾衣服的时候，别里科夫急急忙忙地冲回家里，问华连卡：“听说你要去参加舞会？”“是，难道又有什么问题吗？”显然，华连卡对别里科夫这种“审问犯人”的口气相当不满。

“当然啦，”别里科夫走过来把华连卡的衣服放回衣柜，“那种贵族的舞会是去不得的。很容易发生意外的，再加上那种地方是肮脏之地，你还是不要去了。”

“什么？肮脏之地？你是说我的父母也算肮脏之人吗？”华连卡气得火冒三丈！

“不是，我没有这个意思，岳父刚刚升职，不应该去这种地方，否则他上司知道后可能会有麻烦的。算了，你还是叫你父母向上司请示一下，再做定夺吧。你就不用去了。”别里科夫慢慢说道。

华连卡听了之后，大声喊道：“请示！请示！你以为我父母像你一样啊？做什么都缩头缩脚，提心吊胆，你有没有一点儿男子汉风度啊！”

“你，你……”别里科夫瞪着眼睛，不敢相信地看着华连卡。

“我什么我？你实在太懦弱了，而且你还逼别人跟你一起懦弱，我已经受够了，我决定跟你离婚！”说完，华连卡摔门而去，只留下别里科夫一个人呆呆地坐在床上。

三天后，两人办理了离婚手续。华连卡回到了家，过上了贵族生活，而别里科夫则卖掉了那间房子，搬回布尔金的房子，继续过上了套子般的生活。

这篇探究把原文中的结局进行了改写，创设了与原文类似的语言情境，想象丰富又合理，人物的言行完全符合原文人物性格。通过这样的改写，学生对别里科夫这个人物形象有了更深刻的认识。既是课文内容的拓展，又锻炼了写作能力。

手法初探。每一篇课文都是经过精挑细选而进入教材的，必定会在写作技巧上有精妙之处，或者语言优美、意境迷人；或者情节曲折、人物个性鲜明；或者构思巧妙、题材生动；或者情感真挚、主题深刻。在课堂上不可能一一剖析，留下探究作业，就可以让学生弥补遗憾。手法探究没有多少限制，学生可以自由选择一个点，但是老师一定要提供几个话题让学生参考或者给予启发。比如《孔雀东南飞》，学完后既可以对诗歌中的语言技巧进行赏析，也可以对人物塑造手法进行分析，还可以就诗歌的结构技巧作赏析。

请看下面这篇探究文章：

悲剧文学作品中的神话结尾

湛江一中高一（3）班　陈熙

《孔雀东南飞》中，焦仲卿和刘兰芝双双殉情，最后又化成鸳鸯，这无非是合了人们心意的，有情人当终成眷属，这虽是悲剧，但美好的神话结尾无疑表达了人们的美好愿望。

纵观中国的文学史，悲剧文学作品中这样的结尾不胜枚举。

最典型的便是梁祝的故事，梁山伯与祝英台相知、相爱，却因封建制度的迫害，双双殉情，最后化蝶而归。在天愿作比翼鸟，在地愿为连理枝，你我共化作双飞蝶，看着这寂寞的人间。

还有，《牡丹亭》中杜丽娘不得见情人，积忧成疾，魂归西天，而最终情人的归来使她复活，游园惊梦终成真。

其实，在比较早的时期，中国的文学作品就出现了这样的结尾。南朝乐府《华山畿》中，有“君既为侬死，独生为谁施？欢若见怜时，棺木为侬开！”讲述的是一个读书人经过华山时倾心于一位女子，回到家后为伊消得人憔悴，积劳成疾，也魂归西天。男子的棺木经过华山女子家门前时，女子听闻后出来相见，歌而棺开，纵身抱住士子。士子复活，两家相庆，为他们举行了婚礼。

无疑，中国的文学悲剧很多都因为诸如此类的神话结尾变得令人神往，这也许是中国文学的一个特点，充满浪漫主义的神话色彩，表达了古代人民对真善美的追求，表达了人们的美好愿望。

但于我认为，这样的结尾是有它消极的一方面的，在此可以表现出来。正如《孔雀东南飞》中，焦仲卿和刘兰芝深受封建礼教的毒害，殉情怎可复生，这本是悲剧，一个偕化鸳鸯的结尾，减少了作品本身的悲剧色彩。使读后心中痛感稍稍释然，又能够使多少人记得“多谢后世人，戒之慎勿忘”的教诲，只是把希望寄予神话，我终有神助我，我又何必反思当今的制度，恐怕许多人都会这么想。这样一来，中国两千多年的封建历史上，又出现过多少刘兰芝和焦仲卿，又有多少化蝶化鸳鸯的故事，又有多少青年男女依旧深受封建礼教的束缚，如陆游和唐婉，“世情恶，人情薄”，“山盟虽在，锦书难托”？

仍旧不胜枚举，终成一个恶性循环。化作鸳鸯，其实一定程度上在蒙蔽人的思想，扼杀人的反思能力和反抗精神。

故事的美好结局，要完完全全实实在在地靠自己争取。

这篇文章从《孔雀东南飞》具有浪漫色彩的神话式结尾联想到中国古代一些文学作品的共同特点，分析这种浪漫主义的神话结尾的创作心理，提出了自己的看法。这是基于自己的阅读经历的一种思考，在探究中提升和发展了思维能力。

语言品赏。几乎每一篇课文都有值得咀嚼回味的语言，因为课堂容量有限，课时安排有限，不可能让每个学生在课堂上都能对自己喜欢的语言进行赏析。但课后探究可以。哪个字用得好，哪个词用得妙，哪段话写得有韵味，哪种语言让人如痴如醉，学生可以充分调动自己的知识储备，或就字说字，或展开联想，或进行仿写。

请看下面这些探究文字：

秦观《满庭芳》中炼字浅析

湛江一中高二（25）班　劳国晓

“山抹微云，天连衰草，画角声断谯门。暂停征棹，聊共引离尊。多少蓬莱旧事，空回首，烟霭纷纷。斜阳外，寒鸦万点，流水绕孤村。

销魂。当此际，香囊暗解，罗带轻分。谩赢得、青楼薄幸名存。此去何时见也？襟袖上、空惹啼痕。伤情处，高城望断，灯火已黄昏。”

点评：我认为，“山抹微云，天连衰草”中的“抹”和“连”写得很好，特别是“抹”。

一幅黄昏衰落的景象，远处的山头边，飘着几朵白云。作者用神奇的画家手法般的写作技能，描绘了这一迷人景色。“抹”是大自然这个伟大的画家用画笔一抹，山边就多了几多彩云。这一轻微而细腻的动作，多像是一个不经意间的添笔，使之又加了几多迷离的韵味。“抹”是一个表现无声的动作，恰好能体现出作者当时内心的静默感伤。

这个例子可谓是“一字成名”啊！秦观当时被人称之为“山抹微云君”！

李白的诗与酒

湛江一中高一（3）班　郑舒予

正如杜甫所言：“李白斗酒诗百篇，长安市上酒家眠。天子呼来不上船，自称臣是酒中仙。”李白是诗仙，也是酒仙。

诗中的酒，恣意挥洒，酣畅淋漓的酒。诗中的酒，有“百年三万六千日，一日须倾三百杯”的豪气冲天，有“美酒樽中置千斛，载妓随波任去留”

的恣意洒脱，有“兰陵美酒郁金香，玉碗盛来琥珀光”的雍容华美，有“我歌月徘徊，我舞影零乱”的跌宕多姿，有“举杯邀明月，对影成三人”的浪漫天真，也有“两人对酌山花开，一杯一杯复一杯”的率性自然。

酒中的诗，是后人攀摹不来的奇诗。在酒气中氤氲而生的诗，总笼着磅礴的仙气，奈何天宝以后的诗人，再对仗工整，也总透着离乱后的萧瑟。酒中的诗，给了李白“兴酣落笔摇五岳，诗成笑傲凌沧州”的自信与傲岸不羁。清醒时有太多的樊笼套牢的思绪，经酒水浸润，樊笼溶在酒里，才思如黄河奔腾咆哮自天而来，如长江一路滚滚向东……

酒给了李白一个境界，有酒，才有超然绝尘的李白，才有跌宕多姿的白诗。酒入豪肠，七分酿成月光，剩下的三分啸成剑气，绣口一吐就是半个盛唐。

李白也是一个矛盾体，他渴望“济苍生”，蔑视权贵却关注家国兴衰，他不像杜甫，把忧国忧民全透于诗中，渴望自由恣肆的玩乐，愿在诗海中遨游起兴的他，在入世与出世之间徘徊，矛盾。于是，把自己埋藏在金樽清酒中，因为了解“白发三千丈，缘愁似个长”，人生在世，忧不完，不如及时行乐。因此，有了“人生得意须尽欢，莫使金樽空对月”的享乐、不羁。在兰陵美酒中，他忘了樊笼，忘了国忧，忘了乡愁。

但愿长醉不醒。

酒给了他浪漫的一生，直至死的那一刻，抱月而眠，醉酒落水，寻他长醉不醒的梦。

留下了酒气氤氲下天籁似的诗文，横空出世的才华。

《咏怀古迹》赏析

湛江一中高一（3）班　梁领凌

《咏怀古迹》一共五首，写于766年，距杜甫的大限还有四年。

此前，杜甫在他的好友、成都节度使严武的帮助下，建成都草堂，过了一段相对安定的日子。后来严武接到朝廷旨意北上，杜甫满心指望借严武之力，自己也能回到首都长安。但是天不遂人愿，严武莫名其妙地死在了北上的途中。严武一死，杜甫失去了在成都的经济资助和政治庇护，只得离开此地，沿长江向东漂泊。晚年的杜甫穷困潦倒、极其狼狈。不仅他寄予希望的大唐盛世一去不复返，自己年轻时的理想也早已落空。

766 年，杜甫来到了夔州一带。这里地势较高，可以环视周围景色。而环绕夔州的，有大量的古迹：宋玉、刘备、诸葛亮、庾信、王昭君。在这样的人文环境和地理环境之下，杜甫写了这组诗，这是第三首。

首联的第一句“群山万壑赴荆门”，显然是拟人的手法，“群山万壑”如同接到指令的将士，整齐步伐奔赴荆门。此一句起势很高，一般说，高起势的句子往往衬托着一个英雄式的人物，而荆门周边又确实是英才辈出。

但是诗人笔锋一转，“生长明妃尚有村”，用“群山万壑”这样雄伟的气象来衬托王昭君、衬托她的家乡，是否有点“拔高”？把这个小女子写得过于“惊天动地”？如何理解这一不协调的首联？我们必须看到全诗，特别是看到第七、八句，才能明白。

颔联“一去紫台连朔漠，独留青冢向黄昏”，写到了王昭君本人。老杜不愧是炼字的高手，只用了 14 个字，便把王昭君悲剧的一生概括尽了。“紫台”是朝廷，“朔漠”是塞外；一个“连”字，就把个无辜的弱女子一下子抛到了千里之外的异族他乡。以致最后“独留青冢”，孤独地死在塞外，最终也没有实现她回归故里的愿望。“青冢”指王昭君的坟冢。塞外天寒风燥，一到夏秋过后，便水干草枯，一片肃杀。但是王昭君的坟前永远是青青绿色，所以称“青冢”。这显然是传说，但是这个传说寄托了王昭君对南方家乡、对大汉中原的怀念……

另外，此句中的“黄昏”二字切切不可忽略，有“大巧若拙”之妙处！单从字意上讲，“黄昏”是时间：傍晚时分，人迹稀少，王昭君墓前更显出几分凄凉，故而感叹“青冢向黄昏”；但是，“黄昏”又可以做空间解释：“黄”——漫漫黄沙；“昏”——一旦黄沙扬起，大漠昏暗。“黄”且“昏”的沙漠如同笼罩四野的天幕，在昏天暗地中，“独留”的“青冢”更加的凄凉、孤寂，让人同情，令人唏嘘。

颈联“画图省认春风面，环佩空归月夜魂”是全诗的精华所在。前文说过，王昭君之所以引起历代诗人作家的关注，在于她一生的悲剧分为了

“前”“后”。王昭君前面的悲剧归结于汉元帝的昏庸，任凭画师摆布后宫佳丽们的命运，仅凭一幅图画来决定一个女子的一生，所以颈联上句，杜甫的矛头直接指向汉元帝，愤怒地责骂他“画图省认春风面”，意思是“仅仅凭借画的美人图就自以为了解（省识）了美人”。王昭君后面的悲剧在于汉朝廷的装聋作哑，对失去丈夫、完成使命、要求回归的昭君不予置理，使得她含辱再嫁，最后终老异乡，只能把首饰、衣物寄回湖北，“环佩空归月夜魂”。两句合在一起，为后人解释了造成王昭君悲剧的真正罪魁祸首：不在毛延寿，不在匈奴犯境，在于大汉朝廷的顶头上司，是个混蛋外加窝囊废！这就使杜甫的诗站在了一个全新的高度，胜过了其他诗家。

尾联有些理解上的难度，需要细细揣摩。

“千载”：王昭君的故事距离杜甫的时代，已经过去了近千年，杜甫在暗示：大约人们读不懂了吧？

“琵琶作胡语”：用异族音乐、异族语言写成的故事，杜甫又在暗示：大约人们更是读不懂了吧？

人们读不懂——是尾联反复暗示的，目的是承接下句“分明怨恨曲中论”。

杜甫在暗示，你们读不懂，而“我”读懂了其中奥妙，分明是两个字，“怨恨”。这样，杜甫就把自己放在了王昭君知音的角色上。

王昭君，因为“恨帝不见遇”，而流落异乡；杜甫，因为皇帝的不赏识，使他“致君尧舜上，再使风俗淳”的理想最终不得实现；安史之乱后被降职而辞官，半生漂泊，理想成空。

王昭君，因为朝廷的装聋作哑，最终老死在草原，没有实现她回归家乡的愿望；杜甫，后半生流落西南长江一带，最终也没有实现他北归长安的愿望。在杜甫去世的许多年之后，他的孙子杜嗣业把杜甫的遗骨运回，安葬在长安郊外，埋在了先祖杜预和祖父杜审言之间，总算实现了他的遗愿。

到这里，我们终于解开了首联的所谓“不协调”之处，“群山万壑赴荆门，生长明妃尚有村”，用高山大川来衬托王昭君，似乎“拔高”，但旨意不在昭君，而在于杜甫自己，以衬托自己的雄才大志不得实现，故作“惊人之语”。

总结这首《咏怀古迹》，可以看出两点：其一，眼界开阔。从家乡环境到故事本身、从草原遗址到魂归故里，在广袤的历史时空中去审视中国历史上一个常见的悲剧，跳出了他人的窠臼，看到了悲剧的实质；其二，隐喻着自己身世感叹、命运漂泊的意味。而这种意味又在结尾处以“昭君知音”的意思表白出来，更显得若即若离。

这三篇探究都是对语言进行赏析，只是赏析的角度有些不同。第一篇是就诗歌中某个字进行赏析；第二篇是就某个诗人在诗中常常提到的字进行赏析；第三篇是就整首诗的语言进行赏析。对语言的赏析其实也是对写作技巧、对人物形象、对情感主旨的赏析，因为着眼点小，容易思考得深入，而且语言承载着许多内容，细细品味，还可以挖掘深厚的文化内涵。

主题探究。有一些课文主题有些争议，比如《雨巷》，就有爱情说、革命说、前程说、理想说等不同主题；有一些课文主题多元，比如《药》，既有揭示辛亥革命未能发动群众，又揭示了普通民众的愚昧与麻木；还有的课文主题虽然明显，但也可以有个性地解读，或者可以从中挖掘出深刻的内涵，比如《蜀道难》。课后探究就可以让学生继续深入探究，在思想的深度上得到锻炼。

请看下面这篇探究文章：

层层进，声声叹息

——探《蜀道难》全诗主旨

湛江一中高一（3）班　任寅嘉

一望无尽的巍峨高山，苍松直插入峭壁当中。山恍然有了松的颜色，松的苍劲，只是那仰望高山的，在山麓忧愁徘徊的年过半百的诗人也同样地沾染了松的憔悴，松的苍老……他是在为什么而苦，为什么而忧？

“问君西游何时还？畏途巉岩不可攀。”友人将要上蜀道了，他是在为友人的离去而担忧吗？他是想要劝勉友人不要登上那险阻重重，高耸不可逾越的高山吗？看似是的，此诗本来便是因友人离去有感而发，名副其实的一首送别诗。“其险也如此，嗟尔远道之人胡为乎来哉！”忧心处处，劝勉处处，对友人的惦挂溢于言表，这，大概已是他写《蜀道难》的目的了吧。

然而他是李白，是盛唐最炫目的一颗星星，是诗的精魂浑然一体的人，是胸怀大志，却偏偏才华错用的人。

“蜀道之难，难于上青天。”一代名家有什么比仕途毁落更让他揪心落魄，感叹此事“难于上青天”的呢？他的一生是极其繁盛的一朵红牡丹，是一颗在深蓝的天空滑行良久的流星，是一场盛宴、一场梦。但梦总有醒的一天，再美丽的牡丹在被人摧残之后也只剩下枯枝败叶，衰败不堪。他的一生是才华横溢的，是浪漫传奇的，唐王朝铸就了他，同时也摧毁了他——让他在密不透风的古城墙里为奢靡的王室生活写下赞誉的华章，用生花妙笔咏叹虚无的幻境，曼妙的空影——这对天才是多么不公的待遇呢？我想四十有几的他虽然仍未经历这一切，在写《蜀道难》之前仍是平凡一身，但我相信他是预见到了的，预见到了在封建社会下自己仕途的悲哀，就像那巍巍蜀道一般难以攀登，难以有自己的行走之地……“青泥何盘盘，百步九折萦岩峦，扪参历井仰胁息，以手抚膺坐长叹……”他知道的，他梦想的文学殿堂空灵境界的最大高度，一登上官场再也无法触碰，因此，他一甩头，说了，“锦城虽云乐，不如早还家。”只是他还是不甘心的呀，他的心，始终记挂着盛唐，始终记挂着他的国家。

他已经四十多岁了，大器晚成的他经历了初唐多少风雨，多少辛酸。撇开他的过去他的未来他的仕途，他依然是一个优秀得无人能及的学者诗人，他依然是一个爱国者，一个为国事忧心忡忡的人。“所守或匪亲，化为狼与豺”。有人说他在多年前就已预示了安史之乱的发生，那剑门关在他看来就是一个唐朝永久的祸患，必是唐朝的祸起之端……他真的说对了，只是战火已是他不能力及的旋涡，轻轻一转，便卷走了大半个盛唐，他的未知预测对于他的国家又有什么用呢？空让人为他那一片赤胆忠心而叹惋罢了。

“噫吁嚱，危乎高哉！蜀道之难，难于上青天。”

他的劝勉，他的壮志，他的爱国情怀，就这么一句话，挥洒得淋漓尽致。

他毕竟不是一个普通的人，他是活在我们内心的，长久不衰的诗仙。

这是一篇有着老到笔法的文学评论，很难想象出自高一孩子的笔下。一般认为《蜀道难》的主题是通过渲染蜀道的难行劝阻友人入蜀，并隐隐含有对统治者的告诫和警示，希望能够提防蜀地驻军拥兵自重，对唐王朝构成威胁。这篇文章以诗句串联，结合诗人的孤傲性格分析“蜀道”的别有用意，让人惊叹。这是一种审美鉴赏的训练，也是思维提升的训练。

联系生活。2017 年版高中语文课程标准反复强调要在真实的语言情境中理解语言、运用语言。最好的做法就是将课堂延展至生活，将课文内容与社会生活、与学生的生活实际联系起来。我在布置课后探究题时一般都会让学生联系生活进行探究。比如，学习《囚绿记》，就会布置学生仿照这篇课文的托物言志手法，寻找生活中的颜色，借此来表达自己的心智。学习《劝学》，就让学生联系生活中的一些自己认为应该做或者不应该做的事，仿照文章劝勉亲人、朋友、同学或者世人。这也是一种拓展探究，跟课文内容的拓展不同，这种拓展更多地运用联想，是一种语言或者思维的运用实践，体现一种创造能力。

请看下面这篇探究文章：

劝　孝

湛江一中高一（2）班　李倍贤

看世间万物，读古今历史，孝真所谓无处不在。

绿了一夏的树叶到了秋天会黄，会落下，万里飘飘落叶正是为了大树母亲的安全过冬才会上演这一凄冷的舞蹈。飘落的树叶，更是大树母亲的过冬被子！

“零落成泥碾作尘，只有香如故！”把母亲给予的血肉之躯完完全全归还给母亲，因为她需要！乌鸦在长大之后，会回来反哺年老体衰的父母，使他们不至于挨饿受冻！

这便是孝，伟大的爱，用默默献身的孝去报答，没有语言，没有华丽，有的只是一代接一代的尽孝！

孝不在言语，只在行动！

古人云：孝，是为人之本！

孔融八岁能让梨，黄香能在寒冷的夜晚为爹爹暖席。这些行为平凡但很令人感动，传遍千年而不老去！

孝，是人类乃至生物最真诚的行为及感情表现，是亲情永恒的标志。父母养育了你，为你的生活与成长费尽心血与青春，当你不懂事时，父母正在为你而四处奔波；当你长大时，父母也已经老去，为你而奉献宝贵的青春，难道在自己的有生之年为已老去的父母尽孝不是人情所处，天理所在吗？

没有了孝，亲情就会干枯；没有了孝，人生就少了大半意义！物质财富富裕的人，若没有孝的甘泉的滋润，内心也会空虚、孤寂，盖上再厚的棉被也得不到想要的那一份温暖，吃再丰盛美味的食物也会味同嚼蜡！再大的盛名，再重的金子也掩不住内心的空虚！再贫穷的人有了孝的存在也会变得无比富有，青菜豆腐又如何，破屋草床又怎样，物质的缺乏在精神的富有面前变得如此微不足道！

尽孝，不在年龄。

不谙世事的小孩对劳累归来的父母一个亲吻是孝，上学的你对父母的一句问候是孝。小孩可以尽孝，八龄老人也可以尽孝。白方礼向全中国人民说明孝并不是小孩的权利，中年人的责任，更是每一个人的本性，老人也可尽孝！

尽孝，不在形式。

你富有，你会送父母豪华别墅与轿车；你贫穷，你为父母洗一次脚，倒一杯茶；你既不富有也并不算贫穷，你为父母买一件新衣、一双新鞋，这都是孝。在父母眼中，亿万富翁的子女与一贫如洗的子女都是他们最爱的子女，千万的别墅与一次洗脚都是孝！

孝的本质并不会随形式而变味，若不是的话，那就不是真正的孝！

尽孝，请从现在开始，因为残酷的时间会把你尽孝的机会夺去，让你遗憾终生！

行动吧！用孝来报答养育你的父母吧！

这篇文章是学了《劝学》之后写的探究文章，虽然没有直接搬用《劝学》

的结构，但借用了《劝学》的逻辑——学习是什么？学习的意义何在？学习有哪些作用？如何学习？——来构建文章的逻辑：孝是什么？有哪些表现？孝的意义和作用何在？如何尽孝？既来源于课本，也来源于生活。

课后探究做得好，会让师生从中获益良多。每篇课文通过探究或拓展或深入或联想，学生的课文学习是很扎实的，也锻炼了写作能力。我的学生一个学期下来写的探究文章达到 50 万字，老师可以把这些探究文章收集起来，挑选优秀的文章结集出版，对学生也是一种激励。

4. 微型课程的作用

课前小热身、课上小总结、课后小探究都只是占用时间不多的小活动，但它们的作用丝毫不小于其他的大活动、大课程。总结起来，有以下作用：

锻炼了口头表达能力。除了课后小探究需要写之外，课前小热身和课上小总结都需要口头表达。一个学期轮流下来，每个学生都能轮到四五次，看起来次数不多，但除了自己讲，还可以听别人讲，别的同学的表达也会潜移默化地对自己产生影响。

锻炼了写作能力。课前小热身虽然是口头说，但也需要做好准备的，如果能够提前写好，效果会更好。课后小探究则直接就是写作，只不过，这种写作没有太多的限制，只要学生能够表达出自己的想法即可。三种小活动都会涉及中心、结构、内容，这些跟写作有着极大的关联，所以，每一次的说或者写，都是一次小作文。长期坚持，写作能力自是能够大大提升。

锻炼了信息处理能力。新闻的播报和评议、知识的总结和梳理、课文内容的探究都需要学生在众多的信息中去挑选，去整合。小活动让学生的视野更加开阔，选择更加多样，信息的处理能力更强。

锻炼了协作能力。看起来小活动都是学生个人的行为，但还是需要有人来统筹和协调。课上的总结也可以由小组协同完成。科代表和小组长在小活动中发挥着重要的作用。

锻炼了思考能力。对社会现象的思考可以呈现在课前小热身中；对课文的深入思考可以表现在课上小总结上，还可以借助课后小探究表达出来；由课文内容引发的对社会、人生、历史、文化等的思考可以通过探究文章表现出来。

锻炼了语言运用能力。没有这些活动，也能够完成教学任务，但学生就缺少了许多语言运用的机会。课前的热身、课上的总结、课后的探究，这些小活动都需要充分运用语言去表达，去呈现，而语言也只有在这样的运用中才能更加成熟和鲜活。

这种小活动式的微型课程不是简单的知识的积累，而是充分活跃着学生的思维。它指向学生能力的培养和锻炼，特别是语文学科的核心素养的养成。说、写和梳理总结是在进行语言建构与运用；探究是在进行思维提升和发展，也是在进行审美鉴赏和创造，同时还是在进行文化传承和理解。微型课程激发了学生的学习热情，让课堂更加生动活泼。

所以，微型课程设计的目的指向三点：学生发展核心素养、语文学科核心素养、高考学科必备能力。

5. 微型课程设计要注意的问题

微型课程还称不上是校本课程，顶多算是“师本课程”，也就是老师自己设计的用于自己班上学生的课程，内容形式都由老师自己定，不占用课时。也正是因为这样，有些老师觉得没有监管，没有考核，就随意对待，想开展就开展，不想开展就不开展。这种认识是不对的。我们要认识到，微型课程既然是课程，就有如下四个特点：

目的性。微型课程的目的必须是明确的。得指向学生发展核心素养、语文学科核心素养、高考学科必备能力。在这个基础上再设定每一种小活动的具体目的。比如课前小热身，目的就是锻炼口头表达、增进同学了解、培养社会责任心、塑造良好品德、形成写作训练体系等。应该是先有目的，再有对应的活动设计。

系统性。要有三年发展观，甚至是终身发展观。考虑长远一些，学生发展核心素养、语文学科核心素养和高考学科必备能力要求将知识、能力、情感价值观等一一列出来，遵循学生的成长规律和学习规律进行安排，让每一个活动设计都自成体系。而不是随机随意，心血来潮的结果。

固定性。既然是课程，就应该具有课程的特点——不是偶尔的，而是到了这个时候或者这种情况就应该有的活动。课前小热身固定是预备铃开始到上课铃响后一分钟这个时间段，课上小总结是一节课快结束的时候最后五分钟，课后小探究是每一篇课文学完之后。这样让学生养成习惯，能够郑重其事，认真对待。

长期性。课程不是一两节课，而是一个长时间的过程。既要有三年的规划，也要有一年的规划，还应该有每个学期的规划。每一个活动持续的时间至少一个学期，这样才能成为体系，才能让每个学生在课程中都有所表现，让每个学生都能从这样的课程中获得成就感。

综上所述，微型课程就是基于对未来社会所需人才必备能力的认知，基于对学生发展所需素养的认知，基于对学科核心素养和高考必备能力的认知，设计出的有计划、有目的、成体系，能够让学生真正动起来长期而固定开展的小活动。微型课程内容丰富，形式多样，能够激发学生的兴趣，极大地发挥学生的主动性，充分给予学生展示的机会，着眼学生的全面发展，使课堂生动活泼，提高教学效率，是生活语文的重要组成部分。

（三）活动课程：语文因生活而有情有意

活动课程就是区别于以教师讲授为主的常规课程、主要由学生来主持参与、以各种各样的活动为基本方式的课程。总是规规矩矩地坐在教室里听老师讲不免觉得乏味，穿插一些活动，一则可以激发学生的学习兴趣，尽可能地让所有人都能够参与；二则可以活跃思维，培养学生语文学科核心素养。这些年来，我开设了不少活动课，按照内容，我把它们分成三大类：感受生活中的真善美、世界与我有关、做文化传承的使者。

1. 感受生活中的真善美

我们常常感叹学生作文总是脱离实际无病呻吟，或者千篇一律描写亲情、友情、师生情，很少在学生作文中看到他们对生活的关注，表现生活中的真善美。其实，生活中不乏真善美，只是因为学生身在校园，每天忙碌于完成功课，没有时间和心思去关注。我们不妨专门开设一个课堂，放下手中的课本，让学生走进生活中，真真切切地感受生活中的真善美。

这个课堂不同于平时的课堂，固定于某个时间教学某个内容。它是不变的，可知的；它又是变化的，未知的。不变，是因为它有开设的原则和条件，只要符合，就可以开设。变化，是因为必须根据最近发生的大事件进行设计；可知，是因为有大事件发生，就准备开设；未知，具体到因为什么事，如何开设，不到这件事情发生就不知道答案。所以，这个课堂关注的生活往往是引起全社会关注的大事件。也许有人会说，真善美并不是只有大事件中才有，平常小事也有的。确实，但既然要作为一个课程开设，就得在内容上有一定要求，要让内容最大程度地发挥它的价值。

这份设计单是链接就有 83 个，每一个链接都附上了网址，符合线上教学的特点。整个课程包括五个内容，分六个课时讲，涉及语文知识包括：信息筛选和整合、理解文章的观点、内容梳理、把握文章的中心、分析评价、把握作者的情感、语言赏析、下定义、图文转换、倡议书等，几乎涉及高考的所有考点。整个课程既是一个有机的整体，有严密的内在逻辑，各个部分又可以单独成课，有明确的教学目标。更重要的是，学生通过这样集中的学习，接触到社会生活的各个方面，了解到各行各业人们的生活状况，体会平凡人生活的艰难与困窘，感受人与人之间的温情，感受“一方有难，八方支援”的中国精神和中国力量，心灵受到震撼，由此得到情感熏陶和价值观的指引。

像汶川大地震、新冠肺炎疫情这样的人类大灾难是惊动世界的大事件，用作教材的作用显而易见，但并非只有这样的大事件才可以设计成课程，只要能够让学生从中感受到生活的真善美或者假丑恶，能够给学生带来情感熏陶、思想启迪、人生感悟的都可以。比如 2013 年湖南罗霄山捕鸟事件，比如每年的感动中国十大人物的评选，比如国庆的阅兵仪式，甚至是韩红的公益慈善活动和刘德华的四十周年从影感言，都可以做成课程。但是，一定要注意以下几点：

教学目标必须明确。既然是课程，就不能太过简单，当作新闻一样讨论几句就结束，没有充分挖掘到事件的价值，对教学没有多大作用。教学的目标应该有三个主要根据：根据目前教学内容而定，尽量不脱离正常进度的教学内容，让知识有承上启下的衔接；根据语文学科核心素养，不能脱离核心素养去体现别的方面；根据语文学科高考考点要求，不能只是让学生感动一下，欣赏一下，议论一下，一定要转化成知识和能力。

教学内容必须精选。虽然说只要是生活中的事件都可以选择，但并不是事件中的所有内容都可用作材料。根据教学目的对教学材料进行挑选，应该避开没有定论的、有些负能量的部分。教师本人应该对事件有正确的认知，不会出现价值观偏差的问题，也不会所选材料带偏学生价值观的问题。

教学环节必须完整。既然是一个课程，就应该包含教学的所有环节，有承上启下，有背景引入，有教学目标，有教学过程，有知识梳理，有作业布置。过程必须符合教学的规律，符合学生发展的规律，而不是零散的知识拼接，作业也不是随意布置，而是对应教学目的，与前后课程内容相关。

2. 世界与我有关

语文与生活息息相关，学生不仅要感受生活中的真善美，也需要对现实社会有自己的认知和判断。我的生活语文课程中的活动课程有一个部分就是通过活动让学生认识到身为学生，也应该关注社会生活并且参与社会生活，能够将所学语文知识和能力用在解决现实问题上。这部分内容就是“世界与我有关”。

这个部分是成系列的，根据新课标的要求，结合学生的学习认知规律，结合教材内容和高考考点要求，我在高一和高二分别开设了三个不同内容的“世界与我有关”课程。

高一：情境再现阅读分享课。目的是促进学生的课外阅读。具体做法是：以小组为单位，各组确定本组本月的读书篇目，利用课余时间进行阅读；每周五阅读分享，由科代表通过抽签确定分享的小组顺序，提前一周准备；按照分享的要求，小组长安排好工作，周五进行分享。阅读书目和阅读分享的要求在第一周就在全班进行了明确。下面是阅读分享课的课程设计。

走进别人的世界，丰满自己的世界

——阅读分享课教学设计

教学目的：

1. 培养良好的阅读习惯，开阔视野。

2. 提升阅读能力，培养语文核心素养。

3. 获得人生启发，形成正确的人生观与价值观。

教学内容：

课外阅读

教学形式：

情境再现式阅读分享，以学生自主学习、自主分享为主。

教学安排：

每周一节课，固定为周五。

阅读书目：

原则是世界名著，教育部推荐高中生阅读书目，也可以选择适合中学生阅读的文学著作。

分享要求：

小组确定要分享的章节，设计分享形式，可以表演、朗诵、讲故事、访谈等方式开展。分享时一定要包含内容概述、精彩片段欣赏、阅读所得，尽可能制作 PPT。分享时间为 20 分钟。

这个设计比较简单，目的是让学生清楚要干什么，怎么干。学生的潜能是无限的，虽然我只提供了这么一个简案，但学生脑洞大开，在分享时形式多样，表现精彩。分享的书既有《窗边的小豆豆》这样小学生也适合阅读的名著，也有大学生也不一定能够读懂的《百年孤独》；既有文学性较强的《边城》等名著，也有《步步惊心》这种已经拍成流行电视剧的原著。他们会有角色朗读、会有表演，会播放相关视频或者音乐，他们制作的 PPT 兼具文字和画面，让每一次分享课变成精神的盛宴、欢乐的海洋。这个活动贯穿于高一两个学期。小组分享的次数虽然不多，但除了自己阅读了一些课外书籍，还能从别人的介绍中间接地了解一些书的内容，并且借助了同学的理解来加深自己对书的理解。有的同学因为听了别人的分享，对某本书产生兴趣，这样促进了同学们对阅读的热爱。所以，每周五的语文课就变成同学们特别渴望的课。

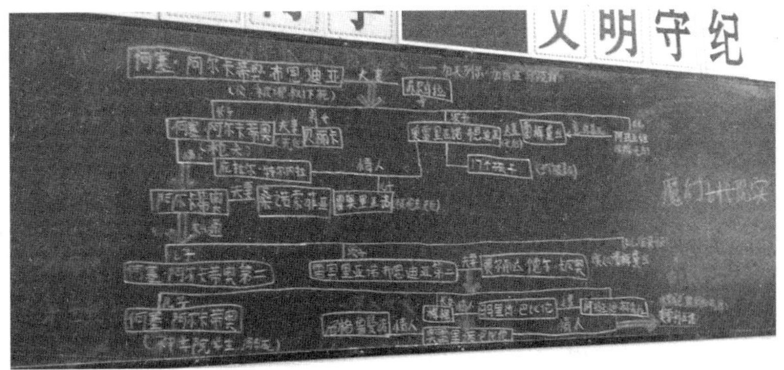

学生在阅读分享课上绘制的《百年孤独》人物关系

学生在阅读分享课上分角色朗读

高二上学期：热点观点时事分享课。高二学生开始训练议论文，为了让学生有写作的素材，知道如何去评议一件事，如何议论，高二上学期我把原来阅读分享的时间用来进行热点观点时事分享。用来分享的都是网上的热点时事评议文章，挑选的标准是：与近段学习的内容相关，对学生的人生观、价值观的形成有一定的影响，有写作的借鉴之处。每周五上课前我会在网上挑选两到三篇文章，一般在微信公众号上挑选，然后下载做成 Word 文档或者以长图片方式保存，上课时先由我来简单概述最近发生了什么大事，人们对事件一般有怎样的看法，再展示我搜集到的文章，学生一边看文章一边听我读。最后留些时间让学生进行讨论，谈谈看法。这样做的目的，一是激发学生的学习兴趣，这样的课堂与平时课堂不一样，每一周一次，有一些文章里有故事，比较有趣味；二是引导学生关注生活，能够对生活现象有自己的判断；三是积累素材，让自己的文章言之有据。

分享的文章包含社会生活的各个方面，有普通人的普通生活，有名人的成功故事，有文学作品的欣赏，也有科技前沿的报道，有对事件的争议，也有就事件引起的反思。比如这些文章:《必须赞！这个小伙子在清华出名了，他的话让人泪奔》《今天我们许多习以为常，都曾是先人宏大的梦想》《58 岁博导为 88 岁老母跳舞,“母亲眼里我永远是个孩子”》《找一个像太阳一样的人，一起回归田园生活》《田园，中国人的生活情怀》《太二酸菜鱼创始人：我们一点儿都不“二”——洪波高端访谈》《王开东：为什么中国女排总能赢？》《郎平：女排精神不是赢得冠军，而是努力去赢》《巴黎圣母院烧得好？请不要与野蛮为伍》《陈道明：发呆，是人心里的思无邪》《全面回顾 DG 辱华事件的前因后果》《任正非不接受采访》《被美国封杀的第八天，华为淡定发布最新短片：愿你永不知天高地厚》《复仇者联盟 4：等了整整 10 年，是时候说再见了》《工作 10 年，年薪 100 万，被裁只用了 10 分钟：时代抛弃你，连招呼都不打一声》《叶嘉莹：从漂泊到归来》《中国电影出过的丑都被他挽救》《四川凉山大火：30 位母亲，再也等不到儿子回家》。这些文章有的提供审美角度，有的提供人生借鉴，有的开拓视野，有的增强自信，有的激发斗志，有的增强责任，对于学生的成长起到了引导的作用。同时，鲜活的材料，与课文内容相关，让学生增进对课文的理解；一些评论角度和方式为学生的写作提供范例，内容又可作为作文素材，用以论证观点，促进写作能力的提升。

高二下学期：社会现象探讨辩论课。在高二下学期开设辩论课，基于两个原因：一是学生已经进行了一个学期多的议论文审题立意、选材构思的训练，缺少思辨性；二是对于高二的学生来说，语文能力还是以听说读写为主，我希望能够借助一种方式包含进这几种能力，整体提升学生的语文素养。高一的阅读分享，高二上学期的时事分享都有很好的效果，高二的下学期也可以延续这种做法。于是，我还是将每个星期的星期五这节课留出来，专门开设结合学生的生活、能够有针对性地进行语文能力提升、让每个同学都能积极参与并且从中享受乐趣的“辩论课堂”。

“辩论课堂”设在每周五，上周五告知辩题，辩题来源于互联网上最热门的话题，然后由老师将在网上搜索到的相关资料打印出来交给辩论双方的负责人，双方再就各自的主张进行资料的收集，在周五的语文课上展开辩论。

以 2012 年我开设的辩论课为例。这个学期我们所选的话题分别是：

第一周：三亚宰客事件中的饭店算不算宰客？

第二周：炫富有错吗？

第三周：活熊取胆该不该？

第四周：林书豪的成功是偶然还是必然？

第五周：陈光标式的高调慈善该不该？

第六周：李娜该不该说“我打球不是为了国家”？

第八周：方舟子该不该打韩寒的假

第九周：建“男子中学”能否消除“伪娘”现象

第十周：中学女生应不应该剪短发

第十二周：实体书店该不该拯救

第十四周：宫斗剧该被批吗？

第十五周：该不该支持茅台注册“国酒”商标？

暑假第一周：斥巨资重建历史古城值不值？

暑假第二周：男女生错龄升学，可行吗？

这些话题涉及社会热点、敏感话题、社会生活、校园生活，扩大了课堂的容量，将语文学习由课堂延展到了生活。这其实既是我思考的依据，也是最终目的。进行课堂辩论，并且选定社会热点为辩题就是为了让学生关注生活，思考生活。语文教学的目的不应该只是应付考试，而应该是培养学生的语文素养、文化素养，使学生在将来的工作生活中能够准确、自如、得体地表达思想和感情，能够具有健康的心理和审美情趣。选择社会热点进行辩论，将社会上引起广泛关注和争议的问题拿到课堂上进行讨论，就可以让学生了解到社会生活中一些与校园生活很不相同的现象，将课堂延伸到生活中，扩大了课堂的容量。同时，这些社会现象看起来与校园生活很不相同，其实两者间又有着千丝万缕的联系，那么，在去收集材料、进行辩论的过程中，学生就可以运用所学，由此及彼，将学习与生活联系起来，眼界得到开阔，思维得到延展。

比如，在辩论“活熊取胆”事件的时候，参与辩论的两个小组为了在辩论中取胜，就要事先在网上搜索大量的资料。正方认为活熊取胆是社会进步和文明的表现，不会对熊产生任何伤害。为了支撑他们的观点，他们查找了中国古代熊胆用作药的医方和一些记载，还要查找到熊胆所有的药用价值，活熊取胆的全过程，等等。在争辩的过程中，可能会涉及生物、历史、地理，甚至法律上的一些知识，也可能会牵扯出许多相关的人物和事件，那么不仅可以让学生去关注社会，去思考社会想象，还可以让学生在论辩中明是非，知得失。这种认识因为由学生自己在观察现象、思考现象、争辩现象中得出，所以远比通过学习一篇阅读文章得到的认识要深刻得多。

辩论课充分发挥了学生的自主能动性，锻炼了学生的组织能力、思维能力、表达能力和信息整合能力。这四种能力中我觉得思维能力和信息整合能力的提升很突出。辩论不同于写作文，也不同于说话，除了提前做好收集资料、应对策略等准备外，辩论胜败的关键在于争辩过程中的应变和应对。参加辩论的学生必须全神贯注地倾听对方的发言，然后寻找突破口进行反驳，或者倾听本方的陈述后进行必要的补充和说明。能否抓住重点就看思维的敏感度，而能否进行有力的论辩，就得看思维的严密度。参与辩论的学生普遍认为，每一次论辩都是一次锻炼，也是一次检验，更是一次提高，有的根本没有想到自己可以思考得有深度。而思维能力不仅对于学生写作文有用，对于其将来进入社会对社会问题的思考也是有很大作用的。在信息整合方面，每一次宣布辩题之后，双方开始上网搜索资料。因为是社会热点，网上相关报道比较多，评议也很多，如何在众多的信息中选取有用的信息，这需要学生对所有的信息进行梳理，然后分析、归类，删选出需要的信息。这个过程是比较长的，既让学生接触到大量的信息，了解社会各界对同一个现象不同的看法，丰富学生的认识，又能使学生在接触到各种信息后明确自己的观点，强化自己的认识，还锻炼了对信息的整合能力。

此外，辩论课也增强了学生的社会责任感，增加了学生对时事的敏感度。社会热点常常暴露出的是社会问题，学生在对社会问题的探讨过程中以抽丝剥茧的方式去探寻问题产生的原因，揭示问题产生的社会根源，提出解决问题的办法，这已经不仅仅是在写作一篇社会评论文章，更是在尽一个社会人的责任了。比如“炫富”现象，学生揭示出的原因是：其一，主流价值观发生扭曲；其二，许多人内心空虚，精神贫乏；其三，为成名不择手段。要改变这种现象，得从根源上入手：学校应该注重审美观、人生观的教育和培养，整个社会的风气要转向崇尚传统美德，杜绝炒作现象，等等。而“陈光标式的高调慈善是否可取”的辩论，让学生明白了健全的体制对整个社会是多么重要，也明白了做好事不论形式，只要是发自内心，对社会有用，就值得肯定。“李娜该不该说‘打球不是为了国家’”让学生懂得个性不能泛滥，人处于世，有一些底线是不能超越的，国家是每一个人的根基，离开了这个根基根本就不能称之为“人”。“建男子中学能否消除伪娘现象”辩论最后，学生指出只有社会、学校、家庭都来关注，才能真正消除人在成长过程中出现的畸形现象……

这些话题或者涉及人的基本素质，或者涉及社会风气，或者涉及道德修养，或者涉及处世方式，对于长时间身处校园，不太了解社会的学生而言，是新鲜的，但又是不新鲜的。新鲜的只是内容，不新鲜的是其本质，学生在自己的生活中可能或多或少地接触到类似的现象和问题，只不过没有进行深入思考而已。对这些社会热点的思考，使得学生开始对自己的人生进行思考，对自己的审美观、价值观进行思考，无形当中起到了教育的作用，促使学生去关注社会、关注时事，以自己的视角去审视、去思考。这样的学生，在将来会是一个很有责任感的人，是一个会积极去参与社会事务的人。

语文课堂不应该仅仅局限于课堂，生活是一个大课堂，在这个大课堂中，语文无处不在，无时不在。辩论课堂只是我所思考的语文生活化的一种形式，现代化信息技术的发达使得我的辩论课堂紧跟时事，也让学生不出校门便知天下事，教室之中也剑拔弩张，唇枪舌战，将社会现象剖析得层层见底，将人性揭示得淋漓尽致。小小辩论台，也是生活大舞台！

3. 做文化传承的使者

近年来，语文教学日趋回归文化与生活的本位，阅读与写作的教学也离不开文化这个重要载体。当代中学生适应信息时代的潮流，但同时对传统文化的了解不够深入，导致他们漠视传统文化，甚至排斥传统文化，直接影响语文教学里的阅读教学和作文训练。学生并非缺乏文化经典的熏陶，而是没有感悟传统文化的魅力；并非写不出优秀的作文，而是无法表达本土文化的精神。

“祖国语文是中华儿女的精神家园，语文课程对继承和弘扬中华优秀传统文化、革命文化、社会主义先进文化，培养文化自信，推动文化的创新发展，具有不可替代的优势。”2017 年版新课标明确语文课程的性质，提出了“坚持立德树人，增强文化自信，充分发挥语文课程的育人功能”的基本理念。作为语文老师，也应意识到自己身上的责任，要在教学中多弘扬中华优秀文化，做文化传承的使者；同时，也要引导学生认识中华优秀文化，热爱文化并且传承文化。除了利用教材引导学生关注文化现象、热爱文化和传承文化外，我也特别结合地方文化，开展文化活动，形成了文化课程。

我的文化课程以节日文化为抓手，主要通过在传统节日来临之前布置文化活动，在节日之后进行宣传和奖励来完成。节日文化是中华优秀传统文化的一部分，中国的节日文化丰富多彩，内涵丰厚。有的节日是中国人共有的节日，有着相同的习俗和传统；有的节日是地方特色，带有浓厚的地域风情。探究节日文化，也是在探究中华文化之源。学生在探究过程中可以深入了解文化的起源，文化的发展，以及文化的影响和意义，增强民族文化的自信心和自豪感。以春节文化为例，我是这么布置的：

高一语文寒假作业之——

“我爱节日文化”研究性学习

亲爱的同学们，经过紧张而繁忙的一个学期，终于到了期待很久的寒假生活了。回顾这一学期，我们的语文学习立足于“必修一”“必修二”，也进行了很多很深很有趣的文化探寻之旅。细心的同学会发现，我们中学的语文课本，容量增加了，文化含量也增加了，自学的东西多了，课外拓展的东西多了，光靠平时的几节语文课，学好语文的难度越来越大了。

高一寒假怎么过？语文老师有话说。在这为数可观的自我支配的美妙时光里，语文老师提议同学们至少关注一种节日文化，什么是节日文化？那可不是简单的吃喝玩乐，也不是随意的游山玩水，它是关涉到人的精神和生存状态的节日仪式、风俗民情，具有一定的文化渊源、历史长度与历史宽度，具有经久的思想魅力的，特别是湛江本地的节日文化，更值得关注。比如：

美食：你知道你最喜欢的节日美食是怎样制作的吗？有什么历史典故，人们为什么喜欢，有什么文化因子？

娱乐：特定节日里常常会有什么娱乐？有文化特色吗？这种文化娱乐的历史渊源怎样，你喜欢吗？

仪式：节日里有什么独特的仪式？这些仪式具体的流程和内涵是怎样的？这些仪式古老吗？人们为什么现在还举行这样的仪式？

气氛：节日里哪些气氛具有文化因子？为什么要贴春联？贴剪纸？要逛花市？要走亲访友？什么叫年货？为什么要封红包？……这些都有哪些文化内涵？你能具体查实吗？

特色：湛江人过春节最特别的是什么？你所在的地方每年春节必须做的节日事情有哪些？有什么文化源流吗？

思考：你对中国传统的节日文化有什么思考？……

同学们，中国是文化古国，传统节日文化更是灿烂悠久。这次寒假，同学们可以根据自己感兴趣的节日文化现象、内容，通过亲自调查、采访（家中长辈、节日活动的负责人等）、参与体验、网上查询、照片、视频的翻看，进行一次关于“我爱节日文化”的研究性学习。这次“我爱节日文化”研究性学习的具体要求是，根据搜集到的素材，写一篇关于“节日文化”的研究文章（也可以制作PPT，照片和视频可作为附件）。研究文章一般分为“节日现象（内容）的现状、节日现象的具体文化特征和内涵、节日的未来走向”三个部分，具体要求：1. 有自己的真情实感；2. 文章主题中心、文章主标题可自定自拟；3. 不少于1000字；4. 可打印，可用作文纸誊正；也可随同PPT上交。开学时由科代表统一收齐交语文老师。我们高一语文备课组老师将根据交上来的作品，在年级评出特等奖三名、一等奖15名、二等奖30名、三等奖60名，在年级给予表彰，优秀文章将编成文集。

亲爱的同学们，春节是中国的传统文化节日，在传统文化节日里关注文化，研究文化，其乐融融，其情悠悠；同学们，老师们提前祝你们新年快乐，心想事成！也真心希望同学们深入地走进各种节日文化背后，真正写出让我们惊喜的文字来！

面对“节日文化”，你准备好了吗？

下面是获得特等奖的一份作业：

年例是粤西民间过完新年后最隆重的一个节日，素有“年例大过年”的说法。年例那天，在湛江农村家家户户张灯结彩，村镇街道布置彩楼、彩廊、画廊等，路旁插满彩旗，鞭炮霹雳，锣鼓咚咚此起彼伏，各种民间艺术表演竭尽所能，观者络绎不绝。此外，醒狮班前来舞狮助兴，也是年例那天必备的节目。年例之日，八方亲友不请亦来，俗称“睇（看）年例”，主人家盛情接待，豪饮尽欢。可以说年例是粤西特有的民俗节日，已逐渐形成了粤西特色年例文化。

在年例那天家家户户杀鸡宰鸭也是必不可少的，因为湛江也素有“无鸡不成宴”之说。在湛江坡头农村不仅家家户户都素以名响味佳而饮誉广东的白切鸡摆在首位，而且还有一个更有趣的习俗，就是每家每户把煮好的鸡用盘子装好后集中摆放在村中的祠堂前面广场，祈求先祖保佑全村老少平安，五谷丰收。在人口众多的村子，摆放的白切鸡铺满了祠堂前的广场，放眼望去一片金黄，仿佛就像在摆百鸡宴。令人啧啧称奇！

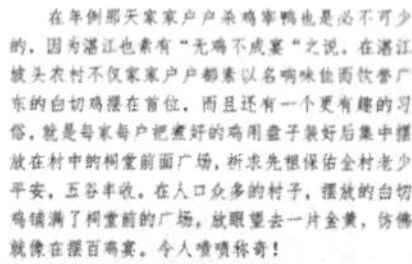

每家每户把煮好的鸡用盘子装好后集中摆放在村中的祠堂前面广场

摆放在广场中的白切鸡，放眼望去一片金黄

湛江太平年例：穿令

穿令，又名穿腮、穿面颊，是元宵节（年例）期间，雷州半岛乡村巡游表演的一项“乡村绝技”。令箭用金属特制，有铜、铁、银、不锈钢等不同材质，实心，上粗下细，尾部呈针状，长短不一，一般一米左右。

表演者用令箭从一边脸颊穿进口腔，再从另一边脸颊穿出，用手扶着外露部分，让人们抬着游行，行程往往数公里，时间往往两三个小时，自始至终神态自然。令箭拔出，表演者的脸颊看不见洞口以及流血的痕迹，令人惊叹。也有穿耳、穿舌一类难度高的表演。民间传说最长的令箭，解放前出现在湛江市霞山区海头镇调罗村，令箭两端穿过表演者面部，外露部分长达3米多甚至更长，需好几个人用叉顶着令箭游行，轰动一时。

有人说，穿令习俗是傩俗、巫俗、崇雷俗相结合的产物；还有人说，穿令时所用的“令箸”可以作为“龙须”的象征物，具备崇龙俗的含义。

有人说，穿令习俗是傩俗、巫俗、崇雷俗相结合的产物；还有人说，穿令时所用的“令箸”可以作为“龙须”的象征物，具备崇龙俗的含义。

舞狮武术闹“年例”

魅力湛江

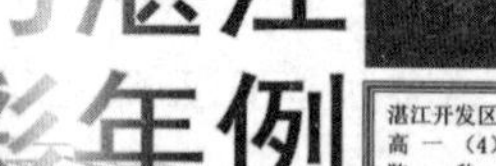

湛江开发区一中
高一（4）班
陈 秋 英

湛江年例概述

春节刚过，湛江地区的年例陆续开始了。所谓年例可解释为“年年有例”。在湛江人有“年例大过年”的说法，可以说“年例”是湛江农村的第一大节日。现在，随着人们生活水平和生活品味的不断提高，年例已不再是单纯的“吃节”，其文化品味也越来越浓。

年例的时间各地有所不同，通常是从正月初二到清明期间，不过也有些地方到农历12月底都有过年例的。年例的时间长短各地不相同，有一天的，也有两三天以上的。听老一辈说，在改革开放以前，他们做年例无非就是生产队杀几头猪，家家户户领回几斤肉、几条鱼，就过上在当时算是非常丰盛的年例了。现在，随着人们生活水平的提高，人们在年例的菜式上也越来越讲究。吃的不再仅仅是鸡、鸭肉，天上飞的，地上跑的，海里游的，还有说不出名字的山珍海味，各种地方的特色小菜应有尽有，热炸的、凉拌的、酸酸的、辣辣的……有不少富裕家庭还从酒店里请来专业师傅掌勺，弄出一桌桌“星级”水平的年例菜式来。也正如此，年例期间不少酒家推出“年例一条龙”服务套餐，真可谓“与时俱进”！

年例无界线，年例之日家家户户张灯结彩喜气洋洋，邻近各镇各村庄的群众都会从四面八方赶来看热闹，亲朋好友，朋友的朋友一拨一拨的涌来，他们都是主人的上宾，没有认识与否之分没有冷落疏远而言。主人家盛情款待，招茶呼饭，豪饮尽欢，有小孩者还派利是给小朋友。真是“来得开心，走得欢心！”

追溯年例的历史，它实际上是扩大了的元宵节、庙会、社、祖先迁移落脚纪念日等综合起来的节日，大约起源于明清时期，已有几百年历史。古时候，湛江人受福建莆田文化的影响，每年的初春至清明期间各村都会挑一个固定的日子，开展舞醒狮、游神、演大戏，放花炮等多项活动，祛除凶灾恶毒，祈求新的一年风调雨顺，五谷丰登，人身健康和国泰民安。由于当时农村基本没什么娱乐设施，辛苦了一年的各村农民只有利用春闲时节各择吉日释放一下，亲朋好友欢聚一堂祈盼好光景。久而久之，便形成了一年一度的年例。

正月初二　文车村（黄略镇）
正月初三　丹寮村（民安镇）　马六良村（遂溪）调山村（东海岛东山镇）龟头村（东山镇）盐丰村（纪家镇）
正月初四　东山村（东山镇）　调逻村（东山镇）庵里村（东简镇）
正月初五　北山村（东山镇）　塘北村（湖光镇）
正月初六　云头村（麻章镇）　黄家村（太平镇）　湖光新圩　什二晶村（东山镇）　榄棂后坑村（遂溪）
正月初七　兰石村（吴川兰石镇）赤马村（硇洲镇）
正月初八　蛤岭村（吴阳镇）　梧村（坡头）
正月初九　黄坡镇
正月初十　调顺村（赤坎区）　平乐村（开发区）　坡头圩（坡头镇）麻斜（坡头镇）　特呈岛

湛江一些地方的年例时间（初二至初十）

年例文化作文

我家乡的“游神”活动

“游神”是农村里一年才举行一次的活动，时间是在每年的元宵节。因为我奶奶是东海岛人，所以每年的元宵节我都要跟着奶奶回东海，去参加东海每年的游神盛典。

咳咳！现在就让我这资深“导游”来带大家走进东海，走进那片热闹的天地吧！

看，摆在路两旁的桌子。桌上摆上了红红的卤猪肉，热气腾腾的鸡、鸭、鹅，还有一坛坛农家自酿的米酒等，点着的香插在番薯中，农民借此寄托来年丰衣足食的希望。

听，“噼呖啪啦！”放鞭炮！游神的队伍来了！走在最前面的是小学生的仪仗队，他们穿着整齐的绸缎中式袍子，有红有绿有紫，扛着彩旗，敲着锣鼓；接着是青壮的男丁，抬着一樽樽“神”的队伍，他们抬着的“神”都摇晃的很厉害；后面是好几个姑娘和女人，白衣黑裤，护送几樽“神”——妈祖，是沿海渔民都信奉和供奉的神。游神队伍中，最后面是村里的老人，穿着笔直的长袍，悠闲地跟在队伍的后面。

请看：那个摇晃得厉害“神”怎么了？他将银标穿过脸颊，用牙齿咬住银标尖端，双脚站在抬着木刻的神像的轿杠。

告诉你吧：这是每年游神的重头戏。就是这样的姿势和神像让至少四个汉子抬着游一整天没下来！听说在游神的前一天，神就会随便降临在一位村民的身上。从此那个村民就会神志不清。游神当天，人们会将一根银标穿过他的脸。很奇怪的是，不会流一滴血。老人们说：因为有“神”的庇佑。也听过比较合理的说法，就是：脸颊皮肤比较薄，而且这个地方基本没多少神经血管，再加上用的是银制的标，不痛不流血那也正常！

再看，家家户户的人们走出来，把一束烧着的香插在菩萨面前，虔诚地磕头，双手合十，许下自己的愿望……

“噼呖啪啦！”游神活动在鞭炮声、吹呼声、掌声中结束了。但我知道，村中的人，不论走出多远，哪怕远隔重洋，他们都会在这一天赶回来，参加这一重大的节日，洗去一年的辛劳，缅怀祖先的功德，祝愿美好的明天！

“年例”中的民间文化濒危

——关于湛江年例文化的思考

在湛江人看来，“年例”每年都热热闹闹，相当兴盛。而申报非遗，一个重要的条件是“濒危”。年例“濒危”吗？它是否需要保护？

湛江市群众艺术馆馆长朱卫国接受记者采访说，年例中富有地方特色的民间文化，很有艺术价值，具有丰富的文化内涵，其中一部分面临失传，从这个角度来说，年例需要保护。

对于茂名“年例”申报省级非遗，朱卫国表示有所耳闻，他认为与湛江“年例”相比，茂名“年例”里面还包含一个冼夫人的文化元素在内。他说，申报非物质文化遗产项目是“越细越好”，如果具体到某一条村、某一个镇的“年例”，如“吴阳年例”之类，可能更好。据他介绍，湛江今年挑选出14个非物质文化遗产保护项目，项目质量总体较高。湛江市非物质文化遗产保护中心着力筛选的是一批历史价值高、急需抢救保护和独具本地特色的项目，推荐申报省和国家级非物质文化遗产保护项目。

有专家表示，“年例”作为地方一种传统风俗，在吃方面越来越丰盛奢华，但在不少人特别是年轻人的精神层面，它的仪式感和传统文化内涵却渐渐消淡，需要有针对性地保护。茂名市群众艺术馆负责人认为，随着社会的发展，年例的传统也随之有所改变。许多地方逐渐习惯于把“做年例”、“睇年例”变作“吃年例”。“年例”的文化含量逐渐减弱。茂名年例中富有地方特色的民间文化同样面临失传的威胁，年例中的表演形式，如单人木偶等民间木偶表演，因为传承困难，面临着消失的危险。

年例看上去还是那么热闹，甚至有点儿奢华，然而，演出形式的减少，无疑让年例离传统越来越远。因受外来文化的影响，农村青年对本地民间信仰逐渐淡化，年例的仪式感也消淡了许多，传统的年例程序礼仪正逐渐消失。

吴川飘色

元宵节、清明节、端午节、中元节、中秋节、重阳节、腊八节等传统节日都是我们开展文化教学活动的重要日子，同学们在采集这些节日的一些活动现象、探究节日的来源、挖掘节日的文化内涵的过程中爱上了传统、爱上了家乡。而这些发现和认识其实也是很好的作文素材，可以让学生在写作中带上文化的因子，增加文化的思考，使作文的主题变得厚重。除了节日文化，我还尝试让学生去探究家乡的饮食文化、建筑文化、婚丧文化等，学生们觉得非常有趣，交出了不少精彩的作品。

语文课少不了整堂课都是教师在讲的讲授课，也少不了让有些学生枯坐在座位上一个字都写不出来的写作课，有时候可能会枯燥乏味，也可能会觉得课本知识毫无用处。但语文课是可以生动活泼的，是能够让学生思维发散、思想活跃，让学生感受世界的美好，体会生活的多彩，理解文化的魅力，从而感受语文的有情有意的——只要我们用心去设计课程，打通语文课堂与生活的壁垒，学生的语文学习就是活的！

二、课堂教学：学生动起来，语文活起来

语文教学的方式还是应该以课堂教学为主，课堂是教学的主阵地，在这块阵地上，语文老师需要用心经营。

如何让课堂活起来是很多老师经常思考的问题，我也尝试过很多种做法。语文本身就是鲜活的，每一天每个人讲的每句话都不一样，每一篇课文每个老师讲的不一样，不同的课文要学的内容和学习的方式也不一样，这每一天每节课的不一样就让语文永远都是新鲜的。语文课的鲜活还需要学生的动来达成。如果学生都兴致勃勃，朗读大声、讨论激烈、思考积极、发言踊跃，争起来面红耳赤，说起来滔滔不绝，写起来才思泉涌，那么课堂自然就是灵感的激发地、才华的展示场、思想的孵化器了，何愁不鲜活？

怎么让学生动起来呢？关键在于活动的设计。这里的活动不是指上文提到的活动课程的活动，而是课文教学的活动。我将自己实践二十多年的做法进行了总结，提炼出以下四种比较可行的做法：主题式学习、项目式学习、情境式学习、探究式学习。

（一）主题式学习

所谓主题式学习，就是确定一个主题，围绕这个主题开展学习活动。这种学习活动都是基于课文的学习，又不局限于课文内容。是将不同的课文进行整合，有时候甚至是不同单元的内容进行整合，重新确定一个主题，设计问题，让学生在探讨问题的过程中深化对课文知识的理解和提升语文素养。

主题式学习有以下四个特点：主题集中、任务驱动、合作探究、小组展示。主题集中是显著特征，方便学生迅速了解学习目的和内容；任务驱动是方式，一定是通过任务来让学生参与活动，达成目的；合作探究是路径，学生必须是小组合作，共同探究，每个人都要参与，小组长要发挥关键作用；小组展示是评价，是最后一个环节，小组展示探究的成果，老师由此了解任务达成情况。

主题式学习的方式有以下四种：单元总结、单元整合、单篇扩展、跨单元整合。下面举例说明。

（1）单元总结。学习完一个单元之后，我们都会对单元进行总结，旧教材的单元主题不明显，有些老师在总结的时候就将单元每篇内容概括一下，其实就是课文的简单总结，而非单元的有机总结。我的做法是，尽量找到这个单元所有课文的一个共同点，以此点为主题设计一个活动。当然文言文的知识梳理这种简单的知识总结不算。比如，原人教版高中语文（必修二）第二单元前七首诗歌——《氓》《采薇》《离骚》《短歌行》《归园田居》《涉江采芙蓉》《孔雀东南飞》可以用“归”字来统领，写的是七个人物的七种“归”意、“归”心、“归”情。《氓》中的女子最后离开了氓，走在回归娘家、回归单身的路上；《采薇》中久戍边关的战士在一个大雪纷飞的冬日回归故乡；《离骚》中的屈原说要“回朕车”“忽反顾”表达的也是要回归楚地回到楚王身边的愿望；《短歌行》中曹操希望有才之人都能归顺于他；陶渊明逃离官场，回归田园；女子采来芙蓉，归家送与谁人；《孔雀东南飞》中焦仲卿与刘兰芝最后归葬一处。归是什么呢？是心灵最深处的渴求，是人生最终的选择，是喧嚣后的宁静，是繁华后的朴实，是怨恨后的淡然，是不甘后的释然与超然。七首诗歌中“归”的方式和“归”的心情，以及“归”体现出的精神品质是不一样的。为了让学生深刻体会“归”的含义，进一步领会诗歌情感，我布置了一个探究作业：选取七首诗中的若干首，以“归”为话题写一组句子来体现“归”情、“归”意与“归”心。

我以《氓》《采薇》《离骚》为例，制作了一个表格，引导学生学会从诗歌中的表层语言去分析深层含义。

“归”意深深深几许？

篇目	人物	人物行为（浅层）	谁在什么情况下的行为	行为特征	主题提炼（深层）
《氓》	女子	离开氓回娘家	不堪忍受丈夫的虐待	亦已焉哉	1. 在封建社会里，女子遭受到婚姻的不幸后，归宿何在 2. 女子自我意识的觉醒 3. 最伟大的爱情在于：只要你好好的活着

（续表）

篇目	人物	人物行为（浅层）	谁在什么情况下的行为	行为特征	主题提炼（深层）
《采薇》	战士	离开战场回家乡	大雪纷飞，多年征战之后	我心伤悲，莫知我哀	1. 对于久戍边关的战士来说，回家是力量与信念 2. 身为战士，为着一份使命，将人生的归宿定在疆场 3. 忠孝不能两全，归在何方
《离骚》	屈原	离开流放地回朝廷	被罢黜、被误解、被诽谤、被排挤、被流放	虽九死其犹未悔	1. 回到朝廷，为楚王效力就是屈原的初心，哪怕受尽诽谤也不改 2. 不愿意再回到那个尔虞我诈的朝堂，保持自己的高洁，回归尘土 3. 不管这个社会怎样污浊，屈原依然坚守自己的高洁

这个表格的表头由我提供，内容由学生小组讨论填充。让我惊喜的是围绕“归”这个主题，学生脑洞大开，赋予《氓》和《采薇》这两篇课文新的理解。他们将《氓》和《采薇》联系起来，设想《采薇》中的战士就是《氓》中的“氓”，他因为知道自己要去服役，担心自己会战死沙场，不能保证女子一生的幸福，所以宁愿女子误会他，也要将女子送回家。有的同学在理解“我心伤悲，莫知我哀”这句话时，联系原诗，可知这位战士离开家乡很久了，长年在边疆作战；作为一名士兵，他的使命是保家卫国，他习惯了沙场征战，也把战死沙场当作自己的归宿，这个“归”，是他虽然走在归家的路上，但内心还想要回到沙场的“初心”。还有学生品味出战士心中的伤悲不仅有为痛失同行战友的伤悲，还有虽然可以回家，但家乡父母未必健在，可能既不能尽孝，又无法尽忠的无奈伤悲。

在此基础上，学生将探究所得加上自己的理解整理出一组有关“归”的内涵的句子，先在组内分享，再在班上进行分享。以下是来自龙华高级中学2018级高一（2）班的部分分享：

归，是心有所执的靖节先生义无反顾退出官场回到田园的利落；

归，是忍受塞外苦寒的战士久战疆场拼死战斗保家卫国的不竭动力；

归，是屡次被罢黜总被小人嫉恨诽谤的屈原虽九死其犹未悔的初心。

—— 吕莹莹

归，是《氓》中的女子在夫君变心时毅然决然地归家，是在兄弟嗤笑时静言不语的归心；归心矣，不畏矣，离别亦矣。

归，是《采薇》中将士十年征战后步上故土的归魂；是虽马革裹尸，神魂却回归故土的执着，是心安，是壮志。

归，是《离骚》中一心为国的屈原在被贬后，仍愿报于灵修的归；是不与时俗同工巧，独保心灵洁与净。

——朱丽丽

归是屈原虽九死其犹未悔的家国情怀，是他以死明志的忠贞；

归是《氓》中妇女“靡室劳矣”的贤良淑德，是她毅然决然地离去；

归是《采薇》中男子“雨雪纷纷”归来时的惆怅，是他赴战时的大无畏。

——罗芸

归是伤透心的女子回娘家，

归是久战沙场的战士回故乡，

归是被谣诼的屈原不忘初心，

归是化为鸳鸯的二人回到对方身边，

归是采芙蓉的女子等所思之人，

归是忧愁的曹操想要的天下归心，

归是田园诗人陶渊明的久在樊笼里，复得返自然。

——董晨熙

归是女子面对背叛毅然离开的勇气与决心，

归是刘兰芝和焦仲卿面对阻挠宁愿魂化鸳鸯的爱情誓言，

归是陶渊明远离官场、重返自然的选择。

——韩瑜欣

归，是陶渊明在尘网中挣扎顿悟，在田园中追求精神独立的过程。

归，是载渴载饥、日夜思乡的戍边士卒在风雪中毅然无阻的信念。

归，是屈原忍辱负重不改初衷，为真理义无反顾的人生之路。

归，是对待爱情忠诚、任劳任怨，而遭丈夫变心后果断离开时的那个女子的刚烈坚强。

——彭凡玲

归，是女子弃士时的觉醒；

归，是战士还乡时的忧伤；

归，是君子返园时的淡泊。

——刘子涵

至此，学生对“归”的内涵的理解深刻又丰富，也对各首诗歌的形象和主题的理解更加透彻。我趁热打铁，以“归心切切，归情依依”为主题，要求学生以“归”意为基础，以这七首诗歌中任意一首内容为背景，以诗中人物为主人公进行合理的想象和联想，创作一篇小说或者散文。要求：要有情节，要有环境描写，字数不限。要求要有情节，是因为这三首诗都有叙事，而且这段时间学生也正在学习写作复杂的记叙文；要求要有环境描写，是因为三首诗的环境描写对于主题的理解有很重要的作用，为了让学生能够深入体会诗歌中环境描写的作用，也为了让学生学会借助环境描写来推动情节发展、表现人物性格、烘托人物心情、揭示主题。如此，将阅读教学和写作教学巧妙地衔接起来。学生写出的文章想象力丰富，细节描写生动，环境描写很好地塑造了人物、推动了情节、突出了主题。运用这种主题式教学来进行单元总结是一种有趣又有效的方法。

（2）单元整合。虽然以前的教材主题性并不突出，但也可以找到各篇课文的共同点，比如，上文所讲的古代诗歌单元可以用“归”字来统领主题。上文讲找共同点的目的是进行单元总结，通过总结巩固所学、提升认知。在教授单元课文内容时也是可以寻找到一个共同点来进行整合的。现在的新教材就是以人文主题为单元来编排的。主题并不只有一个，比如，原人教版必修一文言文单元要学习三篇课文：《烛之武退秦师》《荆轲刺秦王》《鸿门宴》。文言文的基础知识是学习的重点之一，这一点大家都已经达成了共识，没有什么变化，只是如何教学和如何落实上每个老师的处理不一样。我的做法是将三篇课文整合起来，定下一个主题，让学生在主题探究中巩固文言文基础知识和深入把握人物形象和文章主题。我定的主题是“谁是英雄？”。同样以列表的方法引导学生进行探究。

“谁是英雄”主题探究

课文	人物	人物身份	人物行为	人物性格	人物评价
《烛之武退秦师》	烛之武，佚之狐，秦穆公、晋文公、郑伯				
《荆轲刺秦王》	荆轲，太子丹，秦王				
《鸿门宴》	项羽，刘邦，张良，项伯，樊哙，范增，项庄				

学生以小组为单位，根据表格所列内容，到原文中寻找相应内容，填写在表格里；根据填写的内容比较分析，组内进行讨论，对人物进行评价；最后选出心目中的英雄，阐述选择理由。

这个设计主题非常集中，就是找出自己心目中的“英雄”，任务也非常明确，总任务是回答“谁是英雄”。在这个任务下，还需要通过完成“谁在做什么，表现了他的什么性格特征，由此看出他是一个怎样的人”等问题。而要完成这些任务，就必须细读文本，找到相应的内容，摘取出来，理解、分析。这个过程中，将文言文基础知识复习了一遍，比老师讲效果要好多了。接下来是小组合作探究，讨论三篇课文中哪个人物是英雄。要回答这个问题，还需要小组所有成员对英雄达成共识。大家可以以自己认为的英雄应该有的品质，再对照所选之人，在文中找到依据，最后形成结论。在小组展示环节，各小组选出的英雄各不相同，有的小组选出了晋文公，有的选出了佚之狐，有的还选出了秦穆公，有的选了荆轲，有的选了秦王，有的选了范增，有的选了刘邦，也有选择烛之武、项羽的。大家都能够借助课文的内容，结合历史知识分析人物的英雄之处。

自然，我也不会错过这么好的写作训练机会。在大家热火朝天的讨论和精彩纷呈的分享之后，如我预料中一样意犹未尽，我趁机布置作业，让他们继续在作文本上表达观点。

英雄？英雄！

高一（3）班　钟文君

风萧萧兮易水寒，壮士一去兮不复还。

易水汹涌着悲壮的浪，终日不愿安宁。是为荆轲送行，抑或在怒斥荆轲的愚蠢可笑？

昔。

仍记昔日，为了激励自己协助太子丹，田光前辈毅然自刎，如此坚决。迄今，即便不言今朝太子之情，岂敢忘怀昔日田光之逝。这一切，都注定了荆轲必将走向刺秦之路，不成功，便成仁。

惜。

一代英雄孤军奋战，短短匕首，再利再毒，难抵秦王长剑在手。奈若何？当你接下此任务，便早已视死如归地孤注一掷，你与秦王，不是他死便是你亡。

兮。

你太傻。在燕太子丹的浮躁中，你也不再沉稳。古语云，英雄需忍一时之气方可成就大事。你实不该轻易出行，埋下祸根。在秦宫中，你也太天真。秦当时吞并他国，雄霸一方，秦王是何等能耐之士！而你却欲生擒而立契约致燕。如此迟疑，高手对决，一秒足以定生死，而你的失败，导致的是整个燕国霎时的血流成河。

言至于此也罢，也许这就是命。秦注定要统一六国，你也注定要英勇就义，被后世传为佳话。

荆轲，回顾当日，你敢于只身犯险，于戒备森严的秦宫中谈笑自如，最后成为困兽却依然傲视众人。如此铮铮铁骨，叫我如何不称你一声：英雄！

谁是英雄？

高一（3）班　陈熙

一句“风萧萧兮易水寒，壮士一去兮不复还”，古往今来，影响了多少人？在传统观念里，荆轲是勇士、是壮士、是烈士，为报太子丹的恩情，不惜独入不测之强秦，却最终一去不返。这不返里有太多的悲壮和凄冷，他是世人心目中的悲剧英雄。

但是，在《荆轲刺秦王》这篇文章中，细细品读，荆轲与秦王相比，是远远不如的，论英雄，荆轲比不上秦王。

从文章来看，荆轲相对于太子丹的轻浮，谋事不周，显得有勇有谋，但那只是相对而言的，荆轲与古往今来那些可以成就大业的人相比，却显得徒有勇而慧不足。

第一，从主不善。中国古代士人都有一个梦，明君梦——希望能跟随一个贤德开明的君主，而文中的太子丹，处事缺乏深谋远虑，浮躁，幼稚而多疑，显然不是一个明主。荆轲若有过人的才干和目光，他就不应该屈就在这样一个主人门下。

第二，缺乏远见。太子丹命荆轲刺杀秦王，企图恢复七国争雄的局面，这显然是不符合历史发展趋势的。而荆轲也把刺秦作为自己的重大使命，身闯不测之强秦，乃至最后付出生命，一去不返。由此可见，荆轲同样也是缺乏远见的。

第三，谋略不足。荆轲刺杀秦王的那一个场面是惊险的，但他最终还是没有成功。其实，他是有很好时机的，但他却没有把握住，因为没有考虑到刺杀时会出现的问题，例如，剑坚不可拔。由此，我们可以看出荆轲虑事犹有不周，而这不周，直接导致了他的失败。

以上三点，说明荆轲的失败并不是偶然的，是由很多必然因素决定的，无论他刺秦成功与否，他的不足必然会导致他的失败。

相比之下，秦王是绝对有理由胜于荆轲的，他虽然是一个贪生怕死，残暴不仁的人，但他也是中国历史上功勋盖世的帝王。六王毕，四海一，击匈奴，抗越族，筑长城，修灵渠，车同轨，书同文，从此中国进入了一个新的阶段。我们可以这样说，中国历史从此进入新纪元，是与秦始王的高瞻远瞩和卓越的政治才能分不开的。他的谋略，他的远见，他的胸襟，使他成为中华历史上不可多得的千古一帝。

也许秦王不及荆轲的勇，但历史告诉我们，并非单靠匹夫之勇便可成就伟业，我们需要的，并非荆轲的勇，而是秦王一样卓越的政治才能和目光。

所以，若论英雄，当数秦王。

这两篇文章观点相反，但都言之有理。学生能够对课文中的人物有这样深刻的理解，说明对课文内容也是非常熟悉的。以讨论促进理解，以写作促进阅读，是这种主题式教学的特点，它也促进了语文学科素养的全面提升。

（3）单篇扩展式主题学习。前面两种都属于单元主题教学，单篇课文也可以开展类似的主题教学。特点一样：主题集中、任务驱动、合作探究、小组合作。不同的是，只是就单篇课文而言。这种做法一般适用于内容比较多、篇幅较长、看起来比较乏味的科普类文章或者文学评论。很多老师会选择不上这类文章，有的就干脆找个视频给学生看看，当科普。比如，必修五的第三单元和第四单元，教材编排了这些课文：《咬文嚼字》《说“木叶”》《谈中国诗》《中国建筑的特征》《作为生物的社会》《宇宙的未来》。说实话，这些课文并不好上，教师自己讲，很容易让课堂枯燥乏味。我觉得这些课文挺有趣的，而且可以让学生了解到很多知识。如何上出趣味，让学生在有趣的课堂里学到知识，对科学和文学现象产生兴趣呢？我将两个单元一起做了一个设计，为每篇课文的学习拟定了一个很有文学味的主题，为每篇课文精心挑选了一些辅助阅读的篇目，设定了任务，明确了要求，让学生以小组为单位进行学习。

必修五第三、第四单元主题学习方案

一、教学方式

以学生自学为主，开展主题学习活动。

二、课时安排

5课时

三、主题确定

（一）一音一字均有意——汉字的魅力

涉及必修五第三单元《咬文嚼字》，《语文主题学习》卷五3第一单元

《散文的声音节奏》《说“趣”》《“哇”字牌通讯》《作文秘诀》《王安石三难苏学士》《简笔与繁笔》。

（二）一枝一叶总关情——意象文化

涉及必修五第三单元《说“木叶”》，《语文主题学习》卷五3第二单元《意象与情趣的契合》《诗歌的意象艺术与批评》《林庚：喧闹时代里的隐退者》《黄叶小谈》《及物就是有物》《饮酒》《古诗词意象集锦》。

（三）一词一句无尽蕴——中国诗的韵味

涉及必修五第三单元《谈中国诗》，《语文主题学习》卷五3第三单元《论诗绝句的联想》《诗经第四》《中国韵文里头所表现的情感》《中西诗在情趣上的比较》《吟咏情性》《唐人古体》

（四）一砖一瓦皆文化——中国的建筑

涉及必修五第四单元《中国建筑的特征》，《语文主题学习》卷五4第一单元《千篇一律与千变万化》《西洋建筑讲话》《你不知道的王府那些事》《莫高窟》《风雨瓦舍》《刷子李》《廊檐里的乾坤》《建筑的阅读》《改造家园的奇思妙想》《摩天楼会比金字塔长寿吗》

（五）一世一界都精彩——自然之美

涉及必修五第四单元《作为生物的社会》，《语文主题学习》卷五4第二单元《千面化身——我们身边的真菌》《地球上第一个穿上“羽绒服”的，竟然是它？》《雪豹的绝地求生》《刀疤豺母》《草木乡村》《心若淡定，便是优雅》《动植物图案呈现的科学》《树木正在集体“搬家”》《想找外星人？先懂海豚》

（六）一星一辰皆神秘——永恒之谜

涉及必修五第四单元《宇宙的未来》，《语文主题学习》卷五4第四单元《太神奇了，原来宇宙中的恒星是这样爆炸的》《太阳中心有个“洞”》《如果黑洞变白》《霍金与黑洞悖论》《银河系最奇怪的星球》《宇宙大静默》《时间旅行与哈利·波特的宿命》

四、教学方式

任务式和主题式学习相结合，以学生自主合作学习为主。把全班分为六个组，每组选择一个主题，小组共同完成探究任务，然后展示。

五、具体流程

（一）课前准备：说明上课内容、形式与目标，明确学习任务。

主题一：学习任务：

1. 梳理汉字的特点。

2. 以“趣”“哇”“饶”“借”等字为例说明汉字的意蕴。

主题二：学习任务

1. 辨析“树叶”与“木叶”、“落木”与“落叶”的意味的不同，概括“木”在形象上的艺术特征。

2. 以“酒”“月”“高楼”“江水”等意象为例，探究意象与情感之间的关系。

主题三：学习任务

1. 梳理总结出中国诗的特征。

2. 以《诗经》和唐诗、宋词为例探究中国诗表达情感的特点。

3. 试着翻译一首外国诗或者把中国诗翻译成英语。

主题四：学习任务

1. 梳理出中国建筑的九大特征并分类

2. 以“王府”“莫高窟”“廊檐”“金字塔”等为例解读建筑背后的文化内涵。

主题五：学习任务

1. 作为生物的社会组织与人类相比有哪些相似之处？

2. 介绍一种植物和动物的生活习性与社会组织。

3. 举例说明人类可以从生物那里学到什么？

主题六：学习任务

1. 宇宙是怎么形成和发展的？

2. 介绍基于宇宙思考的名著或影片。

（二）课时安排

第一课时：小组合作，完成任务一。

作业：完成《步步高》“文本精准导读”作业（各小组选择本组探究的篇目）。

第二课时：小组合作，完成任务二、三。

作业：小组确定展示的方式，用课件、思维导图、影像或者表演等方式。

第三课时：小组展示。

作业：完成步步高分层训练相关内容

第四课时：小组展示。

作业：完成单元检测三论述类文本阅读和语言文字运用。

第五课时：小组展示，教师梳理总结。

作业：完成单元检测四论述类文本阅读和语言文字运用。

周末作业：就本组探究的内容写一篇不少于500字的文艺评论或者科普小文（科幻小说也行）。

单篇扩展式主题学习要求教师在课前做好准备工作，先要细读文本，了解每篇文章的内容和特色；再列出可以作为主题的点，选定其中一个主题，根据这个主题去挑选教材外的文章；然后设计一个主任务，在这个主任务下又设计多个分任务；最后设计好学习过程。教师做好了准备工作，学生就能在课上有精彩呈现，将原本枯燥乏味的内容生动活泼地展示出来，探究出趣味和深味。

（4）跨单元整合。有时候，我会根据课文的特点确定一个主题，将不同单元里有着相同主题的课文组合起来设计教学。这有点像现在新教材的单元编排。比如，将原人教版必修一第一单元的《雨巷》、第二单元的《烛之武退秦师》，必修二第一单元的《囚绿记》和必修四第二单元的《雨霖铃》组合在一起设计成一个主题教学课程。这四篇课文包含了现代诗、古代诗、文言文、现代散文四种跨越时间和跨越文学样式的文本，看起来毫无关联，我为什么要将它们组合起来？又将如何把它们组合起来？组合起来的目的何在？

这个设计是在学生刚进入高中学习的第一周实施的。我设计的初衷是借助这四个文本教学生了解高中语文的学习特点、培养自主学习的习惯。而我选择这四篇课文首先考虑的是要呈现不同文体；其次考虑的是要能够找到四篇课文的联系，不能当作单篇课文去教，要让学生接触到群文教学，借此了解高中语文与初中语文学习内容上的不同。这四篇课文看起来内容毫不相关，但我还是找到了它们的联系：都含了“别”意。这跟之前我讲过的“归”意有点像。《雨巷》中的姑娘渐渐离我远去，只剩下模糊的身影和悠长的叹息，这是人生的别离；《烛之武退秦师》中秦师晋师的退去，这是国家威胁和危险的暂时解除；《囚绿记》中作者放绿出窗，自己也离开了，这是情感的转变；《雨霖铃》中诗人离开自己的爱人，这是爱情的惆怅。四篇课文，四种“别”，真是“别有一番滋味”！我就以“‘别’有一番滋味在心头”为课程名称设计了以“别”为主题的导学课。教学设计如下：

“别”有一番滋味在心头

教学目的

1. 引导学生了解高中语文学习的特点。

2. 激发学生学习语文的兴趣。

3. 培养学生学习语文的习惯。

教学重点

引导学生了解高中语文学习的特点。

教学难点

激发学生学习语文的兴趣

教学课时

4 课时

教学内容

《雨巷》《雨霖铃》《囚绿记》《烛之武退秦师》

教学过程

第一课时

1. 明确教学目标，明确学习任务。

2. 下发四篇课文到每个学生手中，指导学生预习。

（预习方法：了解作家作品、了解写作背景、借助工具书扫清字词障碍、概括课文内容、提出自己的悟与惑。）

3. 明确预习要求：请选择印发的四篇课文中任意一篇，按照以下要求进行预习：

回家查找相关资料，了解作家作品、写作背景；查字典给不认识的字注音和注释；用自己的话概括课文内容，不超过 100 字；用一句话或者两三个词语形容你读课文的感受；画出你不明白的地方。

第二课时

1. 小组按照下面的格式汇报预习成果：

我是 ×××，代表 ×× 组汇报预习成果。我们预习的课文是 ××，是一首（篇）现代（古）诗词（文），作者 ××× 是 ×× 时代的 ×× 家，主要作品有 ×××、××× 等。这篇课文写于 ××，主要写了 ×××××××。我们觉得这篇文章写得 ×××× 有几个字的读音大家需要注意，有几个词的解释需要做积累。下面请听我们组为大家朗读一遍课文。在预习过程中，我们也有不明白的地方：×××。

2. 小组合作进行主题探究

主要围绕这些问题进行探究："别"的主体是谁？"别"在文中是什么意思？"别"在文中的深刻内涵有哪些？你从中感悟到了什么？之前不明白的地方现在的答案？

四课时

小组展示。

按照平时的进度，这四篇课文至少也要花五个课时才能上完，我用了四节课，也获得了想要的效果。学生感觉高中语文的学习跟初中有很大不同，课堂很灵活，充分给予学生自己思考、讨论的时间和空间，他们也在自主学习和合作探究中获得了知识，得到了成长。

这种跨单元整合主题式学习在选修教材的教学上更能发挥出它的作用。选修教材内容多，教学的时间短，很多老师就会放弃很多课文。我觉得这些选入选修教材的课文都很有代表性，无论是巩固旧知，还是提升能力，都是很好的载体。但是我又不想像教学必修教材一样一篇篇精讲，时间也不允许，我就将课文进行了整合，重新拟定了主题，每一个主题设计了几个任务，让学生在理解主题的基础上，带着任务进行自主学习、合作探究，解决问题，达成学习目标。比如，在教学《短篇小说欣赏》这本书时，我就做了这样的设计：

《短篇小说欣赏》主题学习自主探究教学设计

一、教学目标

1. 了解古今中外短篇小说的特点和风格，培养小说探究的兴趣。

2. 学会归纳整理自己的阅读感受，提高对短篇小说的阅读能力和欣赏水平。

3. 通过欣赏作品，深化对历史、社会和人生的认识，拓展胸怀，丰富自己的精神世界。

二、教学重点

提高阅读能力和欣赏水平

三、教学方式

主题学习，自主探究

四、课时

4 课时

五、具体操作

（一）第一课时　明确任务

1. 主题学习内容

（1）主题一：爱是人类最美好的语言

探究篇目：《柳毅传》《小二黑结婚》《二路电车》

探究任务一：三篇小说都写到爱情，你觉得最打动你的是哪篇小说中的爱情？为什么？

探究任务二：你最欣赏三篇小说中谁在爱情中的态度？为什么？

（2）主题二：变态的社会变态的人

探究篇目：《促织》《狂人日记》《一个文官的死》

探究任务一：小说中塑造的人物有何变态之处？你认为造成人物变态的原因是什么？

探究任务二：小说中描述的社会有何变态之处？你如何看待这种变态？

（3）主题三：探寻复杂的内心世界

探究篇目：《游园惊梦》《家庭女教师》《小径分岔的花园》

探究任务一：三篇小说中人物心理描写的作用是什么？从人物的心理反应可以看出人物怎样的性格特征？

探究任务二：你最喜欢三篇小说中哪篇小说表现人物的内心世界的方式？为什么？

（4）主题四：生命赞歌

探究篇目：《哦，香雪》《热爱生命》《杜十娘怒沉百宝箱》

探究任务一：你欣赏怎样的生命？为什么？

探究任务二：结合三篇小说主人公对待生命的态度说说你对生命的理解。

2. 主题学习方式

（1）自主探究。带着探究任务阅读相关文章，还可以联系别的小说，将探究结果写在作业本上。（本节课课后作业）

（2）组内分享。选择相同的同学组成一个组，每组推荐一到两个同学在班上分享。

（二）第二课时　组内分享

每个人都要分享，把别人分享的内容补充进自己的作业本上。

本节课课后作业：梳理本组探究的结果。

（三）第三、四课时　班上分享

一组分享时，其他组的同学可以提出问题。

作业：任选其他一组的一个探究任务，把探究结果（可以是别人的分享，也可以是自己听了分享之后的思考）写在作业本上。

我将原来分散在六个单元中的十二篇文章按照新的主题进行了重新整合，分成了四组，根据小说阅读的高考考点要求设计好每组的学习任务，让学生进行自主学习、合作探究。学生在学习过程中对情节进行梳理，对人物进行分析，对主题进行探讨，体现了学习的主动性，锻炼了思维能力。

主题式学习关键在于主题的设定。教师需要对文本有比较深入的理解和深刻的认识，还需要紧密联系高考考点及语文学科核心素养，任何时候，活动只是一种手段，而不是目的；知识的习得、能力的提升、品德的养成才是目的。

（二）项目式学习

项目式学习近些年很受欢迎，王林发、郭雪莹、符蕉枫编著的《项目教学的方案与实施》中这样定义项目教学："是教师利用'项目'作为教学载体进行的活动，为学生构建一个新型的、动态开放的、交互性的探究平台，依据教学目标与教学进程，指导学生通过项目进行探究性学习；学生利用'项目'作为学习载体进行'仿科研'活动，利用教师搭建的实践平台对自身已有的学习活动，以及活动中所涉及的学习环境、学习情感、学习信念等相关因素进行持续不断地、探究和改进，实现知识意义建构的学习活动。"①

这里指出"项目"是一个载体，师生通过这个这个载体完成教学活动。什么叫作项目呢？形象地说，就是一个工程。我是这么理解的：把教学某个内容当作是一个工程，然后去完成它。既然是一个工程，那么就要把工程内容列出来，然后再安排人员一一去完成。学生比较喜欢去完成任务而不大愿意只听老师讲授。

项目式学习的特点有四个：主题分散、任务驱动、合作探究、小组展示。

主题分散。不同于主题式教学的主题明确，项目式学习因为要解决的是一个项目的所有学习问题，一般没有明确的大主题，只有项目名称。比如，"《老人与海》学习"，这是项目名称，里面设计有多个主题学习小项目。因此，相对于主题式学习，项目式学习的主题是分散的，但并不是说就没有重点，可以根据需要确定重点。

任务驱动、合作探究、小组展示这三个特点与主题式学习的三个特点基

① 王林发，郭雪莹，符蕉枫. 项目教学的方案与实施 [M]. 福州：福建教育出版社，2016.

本相同。都是以任务来驱动，让学生带着任务进行小组合作，最后展示。

项目式学习按照内容的不同可分为以下三类：单篇课文的项目式学习、多单元整合式项目式学习、整本书阅读项目式学习。

1. 单篇课文的项目式学习

有些课文内容较多，需要讲授的也比较多，知识比较零散，就可以采取这种项目式学习的方式，设计一个大项目，然后将这个大项目分解成若干小项目，每个小项目都明确要求，让学生在任务的驱动下去完成。比如，教学《鸿门宴》这篇课文，要完成的教学任务就好比一个浩大的工程，一点点地讲当然也是可以的，但学生可能就会处于被动的状态，加上又是文言文，学习起来更觉乏味。如果是让学生通过项目这个载体来进行学习，可能会有趣得多、有效得多。请看下面的设计：

《鸿门宴》项目学习任务安排

序号	项目	要求	负责任务组
1	上网查找有关司马迁的身世、经历资料以及《鸿门宴》历史背景，做成 PPT	PPT 要求完整、清晰，有条理	
2	用思维导图的方式梳理《鸿门宴》一课文学常识、文化常识、文言词汇和文言句式	安排一人做全篇文章的思维导图，其他几人做分段的思维导图（第一段一人，第二段一人，第三段一人，第四段一人，第五段、第六段、第七段一人）	
3	上网查找收集写项羽和刘邦的诗歌或者评论文章，做成 PPT	PPT 要求完整、清晰，有条理	
4	将《鸿门宴》改编成适合十分钟左右表演的剧本，安排好角色，准备表演	分配好任务：编写剧本，导演，角色安排	
5	刘邦回营后，有罚也有赏，你觉得他应该把最大的功劳给谁？小组成员每人选择一个人，阐述理由	小组成员选择不能重复	

这个项目式学习涵盖文言文的基础知识、人物形象分析、情节结构、主题等多方面内容。由学生自己通过查找资料、自主学习、小组合作、情境再

现、问题辩论等方式一一完成，既达到课文学习的目的，也锻炼了学生自主学习、合作探究、语言表达、思维提升、审美鉴赏等方面的能力。

2. 多单元整合项目式学习

在学习选修课本的时候，有些老师面对着十几、二十几篇课文，感叹时间太短，没有办法一一讲授，但是又舍不得删掉哪篇课文，觉得哪篇不教都会吃亏。选修教材里的文章确实都很好，但并不是所有的文章都教学了才能让学生掌握知识提升能力。不过，在时间允许的情况下，可以让学生尽可能多地阅读文章。我对选修教材的处理，一直都是选择经典精讲细讲，选择典型精练多练，大胆整合大刀阔斧，活动为主能力为先。可以把教材内容分成几类：必须讲的经典的文章，适合用作练习训练的文章，可用可不用的文章。再将可用可不用的文章挑选一遍，去掉一些觉得没有讲授必要的，其他的分类组合，设计成项目式学习内容，以任务驱动，让学生自主学习、合作探究。下面以《中国古代诗歌散文欣赏》为例介绍我在教学选修教材时常常用到的多单元整合项目式学习方法。

你，就是我心中的达人

——《中国古代诗歌散文欣赏》文言文项目式学习

文学作品中的形象性描写，多姿多彩，美不胜收。与诗歌相比，散文的实用性较强，有鲜明的意旨，而优秀的散文又以生动鲜明的形象吸引读者。《中国古代诗歌散文欣赏》的三个文言文单元中，有多篇写人的散文，技巧高超，形象生动。阅读文章，仿佛看到人物的生平和经历。而我们从这些人物的身上，看到了闪耀着光芒的个性，看到了思想和智慧。那些让我们怦然心动的，依然会借助文字的力量，永远地在历史的长河，汩汩流淌，滋润世间。

一、学习目标

1. 通过小组合作，梳理文章的内容。

2. 通过小组合作，梳理出文章的文言文基础知识。

3. 通过小组合作，概括出人物形象特点。

4. 通过小组合作，把握作者的思想态度。

5. 能够对人物作出自己的评价。

二、学习方式

项目式学习

三、学习内容

《庖丁解牛》《项羽之死》《方山子传》《大铁锤传》《种树郭橐驼传》

四、课时安排

3 课时

五、具体操作

（一）明确任务

（二）小组合作进行项目式学习

小组抽签决定项目名称。抽完签后，组与组之间可以调换。

（三）学习项目

1. 名厨是怎样养成的？

小组学习《庖丁解牛》，围绕“名厨是怎样养成的”这个主任务对课文进行探究，解决以下问题：

（1）庖丁是一个怎样的厨师？

（2）庖丁的“道”是什么？

（3）绘制出文言知识思维导图。

（4）为这篇文章设计四道练习题：实词、句式、文常、翻译。

2. 霸王霸在何处？

小组学习《项羽之死》，围绕“霸王霸在何处”这个主任务对课文进行探究，解决以下问题：

（1）项羽是一个怎样的将领？

（2）项羽是英雄吗？

（3）绘制出文言知识思维导图。

（4）用表演的方式呈现《项羽之死》的片段。

（5）为这篇文章设计四道练习题：实词、句式、文学常识、翻译。

3. 方山子是谁?

小组学习《方山子传》，围绕“方山子是谁”这个主任务对课文进行探究，解决以下问题：

（1）方山子的出身与性格?

（2）方山子与苏轼的关系?

（3）绘制出文言知识思维导图。

（4）为这篇文章设计四道练习题：实词、句式、文常、翻译。

4. 大铁锤是什么达人?

小组学习《大铁锤传》，围绕“大铁锤是什么达人”这个主任务对课文进行探究，解决以下问题：

（1）大铁锤是一个什么样的人?

（2）大铁锤有怎样的本领?

（3）绘制出文言知识思维导图。

（4）为这篇文章设计四道练习题：实词、句式、文常、翻译。

5. 郭橐驼有何超人之处?

小组学习《种树郭橐驼传》，围绕“郭橐驼有何超人之处”这个主任务对课文进行探究，解决以下问题：

（1）郭橐驼是一个什么人?

（2）郭橐驼种树与别人有何不同?

（3）绘制出文言知识思维导图。

（4）为这篇文章设计四道练习题：实词、句式、文常、翻译。

（四）小组展示

《庖丁解牛》《项羽之死》《方山子传》《大铁锤传》《种树郭橐驼传》这五篇文章分布在《中国古代诗歌散文欣赏》的第四、五、六单元中。五篇课文除了《庖丁解牛》，其他都是人物传记。我为什么要把《庖丁解牛》也放进这个项目式学习中呢？理由有三：其一，《庖丁解牛》虽然不是人物传记，但全篇课文都在写庖丁这个人的语言和动作，而且是通过他的语言和行为表现了人物的个性特征，可谓是为庖丁立一小传；其二，庖丁跟其他四篇传记中的传主一样，都可以算是一个才华出众的人，是一个有一技之长的人；其三，这篇课文中的人物描写非常生动，且融人生哲理于生活现象，耐人寻味，值得咀嚼。这个项目式学习要解决的问题有五项，体现了主题分散的特点，也遵循文言文教学的规律和要求，重视文言文基础知识的积累，同时按照新课标的要求和高考文言文考查重点，概括人物形象、把握作者的思想态度、作出自己的评价；课时安排为三个课时，实际用了四个课时，一个课时课上准备，学生先自主学习，然后小组合作完成任务，由一个同学进行梳理，后面三个课时进行展示，最后老师作总结评价；所有组的任务都指向教学目标的五点，所以，基本上每篇课文都会有一组的学生精心备课、共同探讨并且个性展示；最后的练习是一个亮点，目的是梳理知识，也是检测学习效果，练习的设计紧密结合高考考点。

这种多单元整合项目式学习效果很好，课堂气氛也很活跃，充分调动了学生的积极性，是我很喜欢用的教学方式。

3. 整本书阅读项目式学习

整本书阅读被写进新课标并且作为第一个学习任务群，其地位和作用可想而知。近几年来，许多老师尝试了多种整本书阅读教学的方法，为广大教师的整本书教学提供了借鉴。我觉得项目式学习用在整本书阅读上也能够发挥很大的作用。

新课标规定高中的整本书阅读学习任务群的必读书目是《红楼梦》和《乡土中国》。一本是中国古代小说（也可以说是中国小说）的巅峰之作，内容丰富，人物众多，情节复杂，涉及极广，堪称中国社会的百科全书；一本是著名社会学家的学术著作，对于了解中国的社会结构特别是乡村社会的构成、中国乡土社会传统文化，有着极大帮助。对于整本书阅读学习任务群的教学目的，《普通高中语文课程标准（2017 年版）》是这么说的："本任务群旨在引导学生通过阅读整本书，拓展阅读视野，建构阅读整本书的经验，形成适合自己的读书方法，提升阅读鉴赏能力，养成良好的阅读习惯，促进学生对中华优秀传统文化、革命文化、社会主义先进文化的深入学习和思考，形成正确的世界观、人生观和价值观。”[①] 在教学提示上，书中建议：“阅读整本书，应以学生利用课内外时间自主阅读、撰写笔记、交流讨论为主，不以教师的讲解代替或限制学生的阅读与思考。教师的主要任务是提出专题学习目标，组织学习活动，引导学生深入思考、讨论与交流。教师应以自己的阅读经验，平等地参与交流讨论，解答学生的疑惑。”而项目式学习就是教师提出若干问题，组织学生开展以自主学习、合作交流为主要方式的学习活动。根据新课标对整本书阅读学习任务群的要求，我设计了《红楼梦》的项目式学习方案。

《红楼梦》整本书阅读项目式学习方案

学习目标

1. 了解《红楼梦》在中国文学史上的地位以及世人的评价。
2. 了解《红楼梦》叙事方式和全书基本内容。
3. 了解《红楼梦》主要人物关系以及人物命运。
4. 赏析《红楼梦》艺术特色。
5. 探究《红楼梦》人物的精神境界。
6. 探究《红楼梦》的主题。

学习方式

教师引导，学生自主阅读，小组合作探究，小组分享，成果展示。

课时安排

10 课时

具体操作

第一课时

1. 激趣导入。了解《红楼梦》作者，创作背景，在中国文学史上的地位，世人对它的评价等。初步了解书中主要写了哪些内容，主要人物有哪些等。

2. 明确学习方式和学习要求，领取任务单。

---

① 中华人民共和国教育部 . 普通高中语文课程标准（2017 年版）[M]. 北京：人民教育出版社 .

3. 认真学习任务单。

任务项目	要求	完成方式	完成时间	检查方式
概括书中内容	为阅读过的每一章写一个 50—100 字的内容概述	每周至少阅读完四章内容，独力完成，写在原书每一章最后	期末考试前	组内打卡，小组长负责。小组长由科代表负责，科代表直接交给老师
绘制人物关系图	以思维导图的方式绘制主要人物关系图，用 3A 纸完成	小组合作	第 14 周周五前	上交科代表
红楼梦中人（排行榜）	从《红楼梦》人物中挑选出一个人作为打榜人物	先在组内打榜，逐个讲述入榜理由，投票定榜名次；每组榜单上前 4 名进入全班打榜	第 15 周周一、周二	班上展示
红楼梦中情（朗诵）	举例说明最打动自己的情是谁对谁的情？选择能够表达这种情感的语言朗读	先在小组内说明和朗读，小组选出代表在班上分享	第 15 周周三、周四	班上展示
红楼梦中景（描述）	描述自己最喜欢的一幅景象，说明为什么喜欢	独力完成，制作成 PPT 交给小组长，小组长挑选出代表在班上分享	第 15 周周五	班上展示
红楼梦中事（表演）	自由组合，选择喜欢的情节，改编成剧本，确定角色，排练	班上表演，再选出演员，组合成新的剧组，代表班级在年级演出	第 16 周周四下午	年级展示
红楼梦中语（鉴赏）	选择《红楼梦》中的诗词歌赋或者人物语言进行鉴赏。不少于 1000 字	写在自己的作文本里	第 16 周周五交	老师批改
红楼梦中理（探究）	探究《红楼梦》的主题，从中悟出人生哲理、生活哲理或者社会哲理	以小论文的方式，选定一个点，查找资料，自主或者合作完成（选作）	放暑假前	老师批改，可推荐发表
红楼梦中趣（探究）	探究《红楼梦》的内容，从中找到某种趣味，写一篇文学评论	以小论文的方式，选定一个点，查找资料，自主或者合作完成（选作）	放暑假前	老师批改，可推荐发表
红楼梦中艺（探究）	探究《红楼梦》的艺术手法，写一篇文学评论	以小论文的方式，选定一个点，查找资料，自主或者合作完成（选作）	放暑假前	老师批改，可推荐发表

第二课时自主阅读。从第三课时开始自主阅读与小组合作相结合，完成以上任务单。

这个项目式学习所设计的任务基本上是对应着新课标对整本书阅读的要求的，这样就让学生在阅读的时候有目的性，保证阅读的有效。活动的多样性也会让学生感觉有趣，而且锻炼了学生的语言表达、阅读梳理、分析鉴赏等能力。

无论是单篇课文的教学、跨单元的教学，还是整本书阅读教学，项目式学习是一种能够充分发动学生的积极性，让学生通过自主学习和合作探究学到知识、提升语文核心素养的方式。

（三）情境式学习

王宁说“所谓‘情境’，指的是课堂教学内容涉及的语境”，《中国高考评价体系》提出情境是考试评价的载体，“情境”一词最近几年成了语文教学的热词。其实，早在两千多年，孔子就很注重借助情境来教导学生，让学生在各种不同的情境中体会知识的含义。《普通高中语文课程标准（2017 版）》反复强调，要引导学生在“真实的语言运用情境”中理解语言、运用语言。近几年的高考也呈现出越来越重视在真实的情境中语言运用能力的考查的趋势。

“真实的语言运用情境”的提出首先是语文学科性质所决定的必然要求，“真实的语言运用情境”是一种语文教学的导向。强调“真实的语言运用情境”，就是在强调语文教学要结合生活，要求教师将语文教学与生活现象紧密结合起来，用语文来表现生活，用生活来印证语文。这样的教学理念下，语文老师会是充满生活情味的老师，语文课堂将是生动活泼的课堂，语文知识也变得有趣、有味和有用。“真实的语言运用情境”将改变学生学习语文的状态。将语文学习放在真实的语言运用情境中，能让学生感觉学习语文不再枯燥乏味的，而是有广泛的用途，生活处处皆语文，语文时时映生活。如此，学生学习语文知识，不仅是在做语言的积累，更重要的，还是为了生活中的运用，学起来就更主动、更轻松、更活。

我所说的情境式学习就是创设“真实的语言运用情境”，让学生在“真实的语言运用情境”中进行学习。

那么，如何在课堂教学中创设“真实的语言运用情境”呢？李吉林的“情境教学法”有许多很好的做法，比如，带学生到野外实地观察的实体情境，借助音乐图画、角色扮演而创设的模拟情境等都是真实的语言运用情境创设方法，在传统的语文教学中也很受老师们的青睐，就不再赘述。我觉得，在高中语文课堂教学中开展情境式学习有以下三种方法。

1. 全篇文章情境化学习

有些课文比较长，讲起来可能比较枯燥，不容易把学生的积极性调动起来，不妨设计一个情境，让学生进入情境，在情境中学习。在教学《林黛玉进贾府》时，我设计了这样一个情境：

全班同学是一个《林黛玉进贾府》电影拍摄剧组，整个剧组又分为导演组、制片人组、编剧组、剧务组，各有分工，如表：

分组	负责人	成员	内容	要求
导演 A 组	俊豪	7 人	挑选林黛玉的扮演者	根据《林黛玉进贾府》课文，参考《红楼梦》有关内容，参考各版本影视林黛玉形象，确定人选标准，在全班同学中挑选出最适合的人选
导演 B 组	欣怡	7 人	挑选贾宝玉的扮演者	根据《林黛玉进贾府》课文，参考《红楼梦》有关内容，参考各版本影视贾宝玉形象，确定人选标准，在全班同学中挑选出最适合的人选
制片人组	珊珊	7 人	挑选王熙凤的扮演者	根据《林黛玉进贾府》课文，参考《红楼梦》有关内容，参考各版本影视王熙凤形象，确定人选标准，在全班同学中挑选出最适合的人选
编剧组	文君	7 人	设计场景	将《林黛玉进贾府》设计成四个连续的场景，每个场景要有一个题目，要有场景说明
剧务组	泽欣	7 人	搭建场地、室内布置	画图代替实际搭建，用图表示场景变换，贾府的整体构造与内部结构，主要屋内摆设，座次安排

学生领到任务就兴致勃勃地干起来了。这个情境设计看似只是一个模拟电影拍摄，但内容就是人物、情节和环境的探究。结果可想而知，比我自己

讲好多了。

高中语文课本里有很多课文可以这样设计，比如，《祝福》可以设计成“祥林嫂之死法庭审理”；《装在套子里的人》可以设计成“别里科夫之死案件侦破”，让学生化身原告、被告、律师、法官、侦探，进入情境，学生觉得新奇又有趣，而且很有挑战性，任务完成，他们的学习也完成了。这种以真实的语言运用情境创设来完成整篇课文教学的做法既能达成教学目标，又能充分调动学生的积极性，激发学生探究知识的欲望，而且很容易操作，效果远超传统讲授。

需要注意的是，这种方法需要老师有一个清醒的认知：课文教学目标是重点，绝不能本末倒置，为追求形式的新颖而忽略本该掌握的知识。所以，一般情况下，在学生完成了各自的任务并且进行展示之后，老师需要紧扣教学目标进行梳理和总结。

2. 课文内容补充情境化

这种方法适用于加深学生对课文部分内容（通常是重点或者难点）的理解。以文言文的教学为例。我们通常把教学的重点放在文言字词的疏通上，内容上花的时间就少了，学生对课文的主题思想、人物形象等的理解可能就不是那么透彻，这时候可以设计一个情境，让学生在这个创设的情境中进一步了解课文内容，把握人物形象的意义，理解课文的思想内涵。比如，《烛之武退秦师》一课，可以在疏通字词、把握文意、体会烛之武的论辩技巧之后创设一个情境：秦晋围郑，烛之武在危急之际前往秦军游说秦伯，郑公觉得不太保险，又找来烛之武的同门师弟——你，让你前往晋军游说晋侯，你会怎么游说呢?

这个设计，让学生直接穿越到当年的郑国，让他以郑国使者的身份去为郑解围。为了出色完成任务，学生会去查阅资料，把晋郑之间、秦晋之间的关系理清楚，把每个君主的脾气摸清楚，然后再准备游说稿。不同的学生，查到的资料不同，关注的点不同，论辩的角度也可能不相同。交流之后，一是更加认识到言语在外交中的重要性；二是对当时的形势有了更清楚的认识。

像这样的设计几乎可以用于所有的课文。

比如，《六国论》学完后可以设计这样一个情境：秦灭六国后，六国君主在阎罗殿相遇，彼此埋怨，说自己的死和本国的灭亡都是因为另一个国家，你是这其中一个君主，你会把谁作为你投诉的对象？

比如，《苏武传》学完后可以设计这样一个情境：苏武被捕后，匈奴分别派出了卫律和李陵劝降，苏武不为所动；匈奴单于不死心，派出了第三人——就是你，你会怎么劝苏武？（人物身份由学生自己确定，再根据身份特点进行游说。）

还可以用于促进学生对整个单元或者整本书进行知识梳理和总结提升。

老子（5.8同城代表）说

大家好！我是传说中的仙人老子，我在天界看到中菲争夺黄岩岛一事，受邀带着我的得意门生小庄子腾云驾雾来到古今大论黄岩岛的论坛现场。

老子我是中国最早的哲学家，对一些问题一直坚持辩证的思维，所以对中菲争夺黄岩岛这件事出现的原因，我觉得应该一分为二地看：

一、合久必分，分久必合，这是道，中菲争夺黄岩岛事件是正常发生的，符合道。

二、美国支持，菲越邦联夹击中国，无不体现出三国的野心。

对此，我发表我的看法：

我坚持小国寡民，无为而治的思想。不尚贤，使民不争；不贵难得之货，使民不为盗；不见可欲，使民心不乱。是以圣人之治，虚其心实其腹，弱其志，强其骨。常使民无知无欲；使夫智者不敢为也，为无为，则无不治。无为——顺其自然，不强作妄为。此观念主要是针对统治者而言的。“天下有道，却走马以粪。天下无道，戎马生于郊。”统治者的种种贪欲不仅造成了社会的灾难，同时发动战争的侵略者也没有好下场。

针对黄岩岛事件，黄岩岛虽然离中国大陆比较远，但是谁的就是谁的，历史上的归属可以为证，应该顺应历史，以前是什么样，现在依然是什么样，不要去干涉，也不要去改变。如果岛上有生命，有人生存，就让他们继续生活，不要打扰他们。而如今，中菲因争夺黄岩岛，搞得民不聊生，岛内人民担忧归哪国，自身利益是否受到威胁。由此来看，中菲双方不应争夺黄岩岛，就该顺其自然，不强作妄为，遵循自然规律，“圣人恒无心，以百姓之心为心”让岛上人民过上海晏河清的生活，平息黄岩岛事件才是正道。

双方都应该以“不争”之心来解决问题。上善若水，水善利万物而不争，处众人之所恶，故几于道。水无比高尚，利齐万物而与世无争，而且宁愿待在世人所厌弃的地方。居善地，心善渊，与善仁，言善信，政善治，事善能，动善时。夫唯不争，故无尤。但现在的人几乎都在疲于争命，不争而不能治，不争而不能行，不争而不能言，如此次中菲争夺黄岩岛事件。中菲关系紧张，故有忧。如果菲律宾能做到“上善若水，水善利万物而不争，处众人之所恶，故几于道”的高尚，不伸展自己的侵占欲望，做到谦退，不显锋芒，就不会造成中菲关系紧张，友好交往受阻，不利于两国共同发展。

再者，菲律宾如此小国竟与泱泱大国叫板，是因有美国、越南支持。如此可见，美国、越南是造成黄岩岛事件的重要因素。若美国、越南能做到水一样的高尚，利齐各国而不争，保持自己的政治地位，就不会有黄岩岛的争夺了。

故此，美国、菲律宾、越南应该做到：1. 自知。反省自己的言行，检讨自己的缺点，正确对待名誉地位和利益。2. 自胜。在种种诱惑之下，不断战胜自我，保持清醒，保持一颗宁静的恬淡之心。3. 知人。学会自我满足，不能贪得无厌，不要执着于转瞬即逝的身外之物，这样，黄岩岛事件得以解决。

事物矛盾双方可以互相转化。“祸兮福之所倚，福兮祸之所伏。孰知其极，其无正邪？正复为奇，善复为妖。人之迷，其日固久。”这就是说好的事情可能带来坏的结果，坏事也可能产生好的影响。我们应该将目光放长远，看待事情时，在福中思考忧患的存在，在祸中探索希望的曙光。因此，对于黄岩岛问题，中国政府态度不要过于强硬。应避免战争，或者避免两国冷战，于两国及人民又何尝不是福呢？

尊重客观规律。人法地，地法天，天法道，道法自然。然，万事皆可以不攻而破，水到渠成，四两拨千斤，岂不乐乎？若不尊重客观规律，就如揠苗助长，劳而不获，无功而返带来不必要的伤害。

物极必反。事物达到某种程度后，就会改变原有的状况而转化成其对立面。当然在我看来，黄岩岛事件也是这样。黄岩岛本来就是中国的，如今，菲律宾争夺黄岩岛，并采取各种手段与中国争夺，公道自在人心，这必将引起世界各国人民的愤懑或是阻止，到时候，中国将不战而胜，黄岩岛顺利归于中国。

以柔克刚。以柔克刚可以维系自身的存在，保持固有的地位，并以此最终实现以屈求伸，以柔克刚。中国政府态度和缓千万不要以为这种一再退让是懦弱，这其实正是以柔克刚。

这种根据课文内容进行补充设计真实的语言运用情境的做法和第一种有相同之处，就是都为学生设计了一个角色，让学生置身于课文内容相关的情境中，以参与者的身份直接去解决问题。不同的是，情境创设的目的不再局限于教学目标，更主要的是强化认知和深化认识。

3. 课文内容拓展情境化

我们在教学的时候，经常会遇到这种情况：课文学完了，可是总觉得意犹未尽。很多时候是因为课文内容引发了我们的联想，如果这联想刚冒头就熄灭了，会打击学生的积极性，不利于学生思维的发展；如果能够趁势利用，将是一次发展学生思维的大好机会。

再如，学习《荷塘月色》，学生由朱自清在荷塘边得到片刻宁静想到了人生很多时候都不顺意，会遇到各种让人心情烦躁的事情，但经常会有一些东西让自己抛开烦恼，暂得宁静，这些东西也可以算是荷塘吧。于是，我就让学生自己设计一个情境，在什么情况下遭遇到了什么事，然后见到了那让自己宁静的“荷塘”。

这种真实的语言运用情境更贴近生活，其实就是课文内容的生活延展。因为与学生的生活密切相关，学生更容易进入情境。

知识是拿来用的，学习语文当然也是为了用语文。情境式学习就是让学生用语文，用语文来感受生活和表现生活；懂得在语文课堂上创设情境的老师，一定会让语文课变得如生活般多姿多彩。

（四）探究式学习

在前面我讲到微型课程的时候，介绍了课后小探究。课后小探究作为相对固定的内容都是在学习本篇课文之后，为了巩固知识、加深理解、拓展视野而布置的活动，学生都是在课外完成。这里所讲的探究式学习，是指在课堂上采取探究的方法，让学生在老师的引导下，对课文内容进行探究，得出结论，学到知识，提升能力的课堂教学模式。“探究”这种活动早在2004年新课标出台之后就盛行于课堂，虽然有点过，但不可否认，这种做法确实能够改变过去以老师讲授为主、一言堂灌输式的教学状况。我在多年的实践中，越来越认识到这种模式的好处，也越来越喜欢在课堂上开展探究活动。我的课堂探究分为三种：课文内容探究、课外延展探究、语文知识梳理探究。

1. 课文内容探究

课文内容探究一般是就教学的重点和难点进行探究，以问题为导向，充分发挥学生的主动性，让学生在自主探究或者合作探究中获得答案，发展学生的思维，提升学生的能力。探究的内容既有对语言的感受、领悟和运用，也有对人物形象、人物命运、人物意义、自然环境、社会环境、主题思想、艺术特色等的理解、分析和鉴赏。学生从某个角度的探究或者从不同角度的探究其实是不同的思维的体现，别人的思维有时又可以使自己获得启发，进行新的思维，所以，在不断的探究过程中，学生的思维得以往深往广处发展，思维能力得到很大提高。比如，讲《祝福》这篇课文的时候，我把主题探究作为教学的重点和难点。为了让学生对祥林嫂悲剧的根源有深刻认识，我把全班分成了11个小组，分别扮演不同的角色：陪审团、原告祥林嫂，被告鲁四老爷、被告四婶、被告柳妈、被告卫老婆子、被告祥林嫂的婆婆、被告贺老六、被告鲁镇居民、被告“我”、被告“狼”。先由原告陈述自己的经历，对九个被告一一提出起诉，讲述控告理由，被告陈述相关情况，被告律师为自己的当事人进行无罪或者轻罪辩护。这是一个模拟法庭辩论的课堂，也可以说是一种情境式教学，不过，教学的重点在于探究一个问题：谁杀死了祥林嫂？原告和被告在经过陈述、举证、辩论之后，案件逐渐清晰，陪审团进行总结，指出各被告的罪行并提出判决意见。在辩论过程中，学生从封建神权、族权、夫权、父权等方面对个人的做法进行了辩护，对祥林嫂的经历进行了解释，同学们也从辩护中深刻理解到课文中每个人物的形象意义。在陈述过程中，又涉及自然环境和社会环境的描写及其作用，人物形象描写中肖像描写的变化和体现出的人物的心理状态，还有人物的动作传递出的人物的内心。为了揪出凶手，同学们对小说涉及的人物、情节、环境等都做了深入剖析。这样的探究才真正地发挥了学生的主体作用，以学生的学为主，教师是探究问题的设计者，学生是探究问题的主角，所有的答案由学生经过自己的思考和同学之间的合作探究得出，锻炼了学生的思维能力。下面是学生在课堂上的展示内容：

狼的陈述

湛江一中高一（2）班　李倍贤

我，就是那头吃了祥林嫂儿子的狼。事发当天，我已经七八天没吃东西了，今天开春后不知为什么那些小兽一个都没出来，我家中还有一窝饿得嗷嗷叫的小狼，于是我便只身一狼到附近山村去走走，想捉两只鸡来充饥。其实这是被迫的，我们狼最怕的就是你们人类，不到最后关头，我们是不会接近你们人类的。我走了一会儿，鸡倒是一个也不见，只见到一个小孩在门口剥豆，那便是你们所说的被害者祥林嫂的儿子。你们可知否，狼饿急了也是什么也不顾的，就像狗逼急了也能跳墙一样。当时我不管三七二十一，冲上去把他抓回来，把他的五脏六腑给我的孩子吃了，还未来得及吃肉，你们便找来了。于是我抛下他带着儿女跑了，事情就是如此！

我不想说谎，我承认是我杀死了那个小孩，我不会逃跑也不想抵赖，我只想说明一些事实与问些问题。

首先，我们狼与人都是动物，为什么人类捕杀我们，抢夺我们的食物就是理所当然，而我们狼如此就被视为残忍？你们不过是熟吃，而我们是生吃罢了，为什么这样不公平？

自然界众生都是平等的，你们可以利用强大的文明来占领别的生物的地盘与捕杀它们，而我们怎么就不能呢？你们既然知道母亲失子之苦，可你们为什么也要捕杀我们的孩子呢？难道你们的孩子就是宝玉，而我们的孩子就该一文不值吗？就可以随便一窝连一窝地端了吗？

也许，你们会告诉我原因是人的生命比其他生物的生命更宝贵，但这也是站在你们人类的角度上说的，你们能如此，我们不也可以吗？我们也会说我们狼的生命比其他生命更宝贵啊！

综上所述，本狼并不是造成祥林嫂悲剧命运的主要因素，它只是一个偶然因素，也许这就是命运。真正摧毁并杀死祥林嫂的应该是封建的人吃人制度与传统礼教风俗，以及冷淡的人情世故！

这篇文章是学生以狼的身份作为被告为自己辩护的陈词。可以看出，两位同学都对原文进行了细致阅读，对于自己扮演的角色进行了深入思考。传统教学中，这一环节通常由老师来分析，学生通过听讲去领悟。课堂上学生的探究使得他们的领悟更加深刻。课文内容探究最重要的是问题的设计，教师一定要明确本篇课文应该让学生掌握哪些知识、提升哪些能力，明确教学的重点和难点；否则，探究只会流于形式，只有热闹，而无实际效果。

2. 课外延展探究

我们所用的教材都是经过了精挑细选的典范文章，每一篇都值得精讲细讲，每一篇都可以作为鉴赏和学习同类文章的范本。但实际教学中，我们往往都在“举一”，以为做到了“反三”，其实很多时候，学生的知识认知和能力训练还只是停留在这作为精讲的课文上，我们并没有给学生及时的“反三”的机会——我们总是想着要完成教学任务，总是在关心着教学的进度。“反三”是可以做到的。一个单元精讲两篇，另外的课文可以让学生用前两篇老师教授的方法进行学习，这是一种“反三”的方式；及时布置作业，让学生通过课外阅读训练来对课上所学进行巩固和检测，这也是一种“反三”的方式；大胆地选用课外的文本做教材，舍得用课堂的时间来让学生用老师教授的方法进行学习，这也是一种“反三”的方式。这第三种方式，就是我要介绍的课外延展探究。

所谓课外延展，是指由课内知识延伸到课外，用获得课内知识的方法来获得课外知识，借此巩固课内知识和进一步提升能力。这既是对课内习得知识的检测，也是巩固和提升。比如，在教原人教版必修二第一单元的三篇课文《荷塘月色》《故都的秋》和《囚绿记》时，我反复强调散文的“情”的重要性，三篇课文都是以“情”为抓手，带起对课文内容的理解，对主旨的把握和对艺术手法的鉴赏。采取的步骤也基本一致，通过五“情”来完成：找出“情感”句，初步把握文章的感情基调；发现“情缘”，也就是情之缘由或者情之缘起；找到“情物”，也就是情感寄托的载体，可能是物，也可能是人或者事；找到“情言”，凡是表现作者情感的句子都找出来，分析情感内涵；分析“情艺”，鉴赏写作手法，体会描写、议论、抒情的妙处。这既是散文鉴赏的一般途径和方法，也是写作散文的要素，散文的相关知识和能力训练就通过这样的步骤传授给学生，为了检测和巩固知识，我在课外选了一篇文章，让学生像我分析课本里的文章一样去分析。这篇文章其实是我自己写的，只是在上课的时候并没有告诉学生作者是谁。

以下是我的学案。

散文拓展阅读

一、教学目标

1. 掌握叙事类散文表现情感的手法
2. 学会抓住关键句去体会散文主旨的方法
3. 学会感受生活和表现生活

戏啊……

把频道换到最爱的中央台11套，正放越女争锋第二季决赛中的排名赛环节，很懊恼，恨自己没有看到开头，好在正处精彩，眼都不眨地看过去，人家都散场了，我还在电视机前意犹未尽。

这样意犹未尽的时候多着哪！

在看完一些喜欢的黄梅戏、越剧、京剧传统剧目之后，在看完所喜爱的戏曲演员的访谈之后，在看了各种戏曲的一集赛事之后，在看完一台戏曲晚会之后，在看完经典戏段之后，甚至是看完《跟我学》之后，都会意犹未尽，久久回味，心头脑海总有曲调缠绕，挥之不去，以至之后数天仍有下意识地哼唱习惯，自我沉浸，自得其乐，自享其趣。而谈及戏曲，则眉飞色舞，旁若无人，只需对方是忠实听众，听我漫叙，看我表演。

而这样的时候实在是太少太少！

对戏曲的喜爱应追溯到学龄前。似乎是随了父母去看一部抗日的电影，情节早已忘记，独独印象深刻的是一女子身着戏装的娇媚模样，此后看电影，就老缠着父亲问那个女子哪儿去了。凤冠，霞帔，艳丽的色彩，顾盼的眼神，环佩叮当，身姿优雅，在我幼小的心里扎了根，稍加雨露便冒出了芽，逢了机会就蓬蓬勃勃地长。

那是小学四年级了。我从父亲工作的地方转到母亲所在的镇上，让我喜欢的最大的不同是镇上有电影院。悬在镇上中心街道的十字路口旁的商店大门上方的一块长方形的木板上每个月都会按顺序写上当月会放映的电影，我和新结识的伙伴们会牢牢记住我们喜欢的电影放映的时间，然后想方设法地弄了票去看。

也不知道是为什么，我们这一群十岁左右的小女生无一例外地喜欢看“老戏”（也就是古装戏），而且是不加选择的，什么戏都看，黄梅戏《天仙配》《牛郎织女》《龙女》，越剧《红楼梦》《梁山伯与祝英台》《五女拜寿》，汉剧《二度梅》，楚剧《徐九经升官记》，豫剧《花木兰》《穆桂英挂帅》，评剧《花为媒》，京剧《玉堂春》《白蛇传》，还有一些现在也不知道是什么剧了，大人们都觉得无法看下去的，我们却可以津津有味地看完。而最期待的，是一年一次的戏曲演出。不知道是哪里的剧团，到镇上一演就是半个月，唱的词也听不明白，剧情只能靠猜，演员的化装比较粗劣，衣服也没电影里的色彩艳丽。这些倒还能接受，最让我觉得可惜的是没几个女演员，而且佩戴的首饰不够精致华丽。尽管如此，我还是很羡慕地看着他们身着戏装在舞台上表演，然后在梦里将自己换成他们，挪碎步，甩水袖，一步一顾盼，一笑一低首，将音拖得老长老长地念：呀——

这样子还是觉得不过瘾，我们决定自己组建剧团，自己编导，自己演出。服装就拿被单和枕巾好了，首饰自己动手做，牙膏皮、圆珠笔芯、山上采回来晒干的“滴血子”被制作成“发簪”“金钗”“凤冠”“耳环”“项链”。角色是老爷、夫人、小姐、公子、丫鬟、书童，人数不够怎么办呢？把弟弟妹妹找来演丫鬟、书童和仆人就行了。这样的表演是不能公开的，只能偷偷摸摸地趁谁家大人不在的时候在她家演，开始还不会唱，只是拖着音拿腔拿调地念。有个伙伴的姐姐是楚剧团的，我们跟着去剧团看了几次，学到了一种舞棍子的技巧，就在演出中增加了武戏，挨打的自然还是弟弟妹妹们。

“剧团”很快解散，缘于对角色分配的不满，姐姐是剧团的那位伙伴总是扮演小姐，戏多，首饰也占尽了，我只有演老妈子的份儿，于是除了她，我们都不愿意了，她也不愿意换，就散了。我的演戏梦啊，才刚开始就醒了。

其实那时对戏曲的喜爱，不过是爱那捏着嗓子有声无力的腔调，爱那柔柔弱弱的娇羞姿态，爱那细细碎碎的走路模样，爱那可以甩起来的袖子，爱那晃晃荡荡耀眼的首饰，而真正对戏曲的了解，还是在中学。

读到初中，偶然得了一张黄梅小调《天女散花》的曲谱，视若珍宝，一下子就学会了，觉得真是婉转动听。后来陆续得到《天仙配》《红楼梦》的录音磁带和曲谱，反反复复地听，一字一句地学唱，终于将整本黄梅戏《天仙配》唱熟，越剧《红楼梦》里十多个唱段也能唱下来。觉得很有成就，梦想着哪一天也能穿上色彩斑斓的戏服，在有多重帷幕的戏台上起步，抬手，甩袖，下腰，一回头，望向观众，开口先来一声娇滴滴的：呀——多美啊！

美的还不止这些啊。那活泼泼淳朴如山野的风一样的黄梅调甜美婉转得让人陶醉，那悲切切柔软得像山涧的水一样的越剧缠绵凄婉得让人沉迷。常常在吃过晚饭后的黄昏，我独自一人走在学校的足球场上，轻声唱起那些早已烂熟于心的曲段：“大哥休要泪淋淋，我有一言奉劝君。你好比杨柳遭霜打，待到春来又发青……”“好紫娟，句句话儿含义长，她窥见我心思一桩桩……”“金玉良缘将我骗，害妹妹魂归离恨天，到如今，人面不知何处去啊，空留下素烛白帷在灵前。林妹妹啊，林妹妹啊……”当音符在嗓门回旋，在舌尖颤动，在口腔内缠绕，在鼻腔里绵延，我的心便跟着柔软起来，以天地为舞台，演一出只有自己欣赏的戏，整个人就漾在自己的声音里，深深沉醉！

已学会的曲段渐渐不能满足我日益着迷的心，我开始收集与黄梅戏、越剧相关的资料，关注严凤英、吴琼、马兰、韩再芬这些黄梅戏各个时期的代表，了解她们的生平经历，看她们演的电影，听她们的录音带，让自己在调上把握得更准，在味儿上显得更足。而从朋友家里搜到的一本《越剧流派唱腔》让我了解了越剧的发展，越剧各种派别的特色。欣赏徐玉兰的豪迈与热情，王文娟的柔美与娇弱，茅威涛的潇洒与俊朗，黄依群的优美与纯亮。

进入大学，学到戏剧部分时，老师总是用很煽情的语言讲述戏剧里的故事，严格要求我们背诵戏剧中精彩的片段。我在反复地背诵中逐渐体会到曲词的美，回忆起我所熟悉的戏曲的曲词，才感觉之前只注意曲调的美真是肤浅。你看那《金玉良缘》里“总算是东园桃树西园柳，今日移向一处栽，此生得娶你林妹妹，心如灯花并蕊开，……从今后，与你春日早起摘花戴，寒夜挑灯把谜猜，添香并立观书画，步月随影踏苍苔”，句式整齐，意象丰富，意境优美，音调和谐。单单是读，那样一种浪漫情怀呼之欲出，还没开口唱，就觉韵味无穷了。

戏曲，不但是悦我双耳的动听音乐，更是怡我性情的优美诗篇！从此我仔细揣摩，慢慢品味，越琢磨越觉美，越深入越陶醉。没有舞台，我对镜自演；没有伴奏，我张口自吟；没有知音，我倾耳自听；没有观众，我起步自舞；没有掌声，我顾影自怜……

戏啊……

思考题：

1. 请用一个词来形容作者对于戏曲的感情。

2. 从作者的描写和叙述中，你觉得戏曲具备怎样的美感？

3. 你有非常喜欢的东西或者喜欢去做的事吗？那些东西或者事为什么会吸引着你？

以下是这节课的教学实录和课后反思。

自在飞花轻似梦

——一堂原创散文阅读教学课引发的思考

江海燕

人教版高中语文（必修二）第一单元是学习散文，我把整个单元的教学重点放在引导学生体会散文的主旨上，通过对重点语句的把握去分析作者的情感或者思想。在上完这个单元之后，我大胆地选择了我自己创作的一篇散文进行拓展阅读，想达到两个目的：巩固之前教授的散文主旨把握的思路和方法；以读促写，激发学生写作散文的兴趣。这节课也是向全区开放的一节公开课，有四十多位老师现场观课。课后，几位老师与我进行了交流，充分给予肯定；过几日，又有老师发来听课感想，让我非常感动。于是萌发记录的念头，以文字的形式来展示，期待有更多的交流，促我进步。

一、课堂实录

师：各位同学，前几天我们一直在学习如何把握散文的主旨，请大家回忆一下，步骤是怎样的？

生：先找到关键句子。

师：哪些句子是关键句呢？

生（七嘴八舌）：总结句、过渡句、议论句、感情句。

师：在这些句子中，我们特别提到了感情句，有哪几类？

生：三类。直接带有情感词语的句子，含有情感色彩的词的句子，有情感暗示的句子。

师：对了。直接的情感词语比如喜怒哀乐爱恨伤悲忧愤；而哭、笑、醉这样的词能够让人感受情感，所以是含感情色彩的词；还有一类则通过传统意象来体现感情，比如陶菊和苏月，让人联想到思乡思家，这就是具有情感暗示性。我们先在文章中找到这类的句子，能够很快把握文章的感情基调，至于具体的情感或者思想，就需要进行第二个步骤。是什么呢？

生：找到载体。

师：对了，就是景、物、事。我们现在就来看一篇文章，用这样的步骤来把握作者的情感。大家都看过了吗？

生：看过了。

师：找到感情句了吗？

生：找到了。

师：请读出来。

生：对戏曲的喜爱……

师：请把直接或者间接体现作者内心情感的词语找出来。

生：喜爱。

师：还有吗？

生：沉醉。

师：很好，能否用一个词来概括作者对戏曲的感情？

生："热爱""喜欢""沉醉""迷恋"……

师：是的，这些词都可以在文中找到，让我们直接感受作者的情感，我们能不能再用一个词将这些词的意思都包含进去，又能最准确表现作者对于戏曲的感情？

生：痴迷。

师：这个词很好。我们昨天才讲过这个"痴"字，有什么意思？

生：傻傻的，呆呆的。

师：那你看作者傻不傻啊？她已经完全沉浸其中，和戏曲融在一起了。在旁人看来确实是傻傻的。这就是一种痴迷的状态，所以这个同学用"痴迷"这个词我认为非常恰当。那么作者为什么会对戏曲如此痴迷？你能在文中找到原因吗？

生：她觉得戏曲很美。

师：戏曲美在哪里？请同学们再次阅读文本，找出描写戏曲美的句子。

（学生阅读文本，老师边巡视边指导）

师：找到了吗？

生：找到了。

师：请把描写戏曲美的句子读出来。

生：凤冠，霞帔，艳丽的色彩，顾盼的眼神，环佩叮当，身姿优雅。

师：概括一下，这是哪方面的美呢？

生：外形。

师：这是对戏曲演员外形的描写，我们来看看几幅图片。

（幻灯片展示几幅戏曲剧照）

师：是不是像作者所写的一样呢？

生：是的。

师：除了外形上光彩夺目，身姿优雅之外，戏曲还有哪些迷人之处？

生："那活泼泼淳朴如山野的风一样的黄梅调甜美婉转得让人陶醉，那悲切切柔软得像山涧的水一样的越剧缠绵凄婉得让人沉迷。"这两句写出了戏曲的曲调之美，黄梅戏很婉转，越剧缠绵。

师：你们听过戏曲吗？

生：听过。

师：戏曲的腔调有什么特点？是不是喜欢把音拖得老长？

生：是的。

师：你们觉得美吗？你们在听戏曲的时候也会有作者的感受吗？

生：没有。

师（笑）：这很正常啊。因为你们对戏曲不感兴趣，不过，你们可以回忆一下你在听到自己喜欢的歌曲的时候，会不会沉浸其中，深深陶醉？

生：是啊。

师：我们来看看作者是怎么描写她所痴迷的戏曲的腔调的。请大家一起来读这一段："美的还不止这些啊。"

（学生齐声朗读，在读到最后一个句子"当音符在嗓门回旋，在舌尖颤动，在口腔内缠绕，在鼻腔里绵延，我的心便跟着柔软起来，以天地为舞台，演一出只有自己欣赏的戏，整个人就漾在自己的声音里，深深沉醉！"的时候，老师点开一个链接视频，播放了黄梅戏《天仙配》中"大哥休要泪淋淋"片段。）

师：你们听到的和你们刚才读到的感觉一致吗？

生：差不多。

师：作者有没有把戏曲腔调的美写出来？

生：有。

师：怎么写的？

生：直接评价，写感受。

师：对了，我们学过在把握散文中事物特征的时候要寻找作者的评价语和概括语，找到这些句子我们就可以知道作者的态度和心理了。请同学们再找找看，类似的句子还有哪些？

生：句式整齐，意象丰富，意境优美，音调和谐，单单是读，那样一种浪漫情怀呼之欲出，还没开口唱，就觉韵味无穷。

师：这也是写戏曲的腔调的吗？

生：不是的，因为没开口唱呢，应该是曲词的美。

师：概括一下，曲词有怎样的美？

生：句式整齐，意象丰富，意境优美，音调和谐。

师：这好像是原文啊，不是概括哦。后面有没有概括语啊，这些合起来构成了什么呢？

生：浪漫情怀。

师：除了从文章中寻找评价语了解作者的态度之外，我们还要去寻找概括语把握作者的思想意图。在这句话的后面有“那样一种浪漫情怀”，所以由此可见，作者从曲词的结构、意境感受到的是一种浪漫情怀，而“浪漫”二字是对所引用的曲词的概括，也许别的曲词并不浪漫，但都会有一种情怀，所以，这里要表现的戏曲的美我们可以概括为“情怀美”。

师：我们来回顾一下文章的内容，作者通过记叙自己随着年龄的增长对戏曲了解逐渐加深的经历，表现了戏曲从外形到情怀的美感，表达了自己对戏曲的痴迷。我有一个疑问，想请同学们帮我解答。戏曲离我们的生活比较远，这样的兴趣爱好是不是太不入流了，而且看样子作者也不是专攻戏曲的，这样痴迷戏曲不会对她的生活和工作有影响吗？你们怎么看作者的这份痴迷？

生：我觉得很好啊，人嘛，不能仅仅是工作和生活，有时候也需要有自己的爱好，有精神寄托。

生：我觉得这种痴迷不会影响生活，相反会让她显得很有个性，有情趣。

生：我觉得这种兴趣比什么打游戏、追星都好。戏曲是传统文化，这也算是对传统文化的一个传承和弘扬。我觉得很好。

……

师：是的，我们每个人都可能有自己的兴趣爱好，如果能够让这种兴趣爱好作为你的精神寄托或者精神力量，那么不仅不会影响你的生活，反倒会成就你。我们来看看一个视频。

（播放台湾老教师陈维寿的相关视频。这是一个穷尽毕生精力开展蝴蝶研究的生物老师。86 岁高龄还在做学校昆虫博物馆的讲解员，讲解时如同孩子般的神情让我们感受到他内心对蝴蝶的热爱，对他从事的这份职业的热爱）

师：我们从这位老人和刚才那篇文章的作者身上看到，当兴趣成为一生的追求，它会锻炼你的意志，它会培养你的情趣，它会形成你的气质，它会成为你的标志，它会成就你的事业，它会光彩你的人生。

师：现在请同学们安静一分钟，在这一分钟里，想想你最喜欢的东西或者最喜欢做的事情。

（学生沉浸在回想当中）

师：请描述自己喜欢的东西或者喜欢做的事。

生：我喜欢画画。我在画的时候，就好像是在创造，笔下的人物因为我而有了生命，有了生动的表情，我喜欢看着我的画，静静欣赏。

生：我喜欢打篮球。每当我在球场上奔跑，我的脑海中就只有一个念头，就是要把球投入篮里。而当我或者我的队友投篮得分的时候，我有一种强烈的满足感，我喜欢这种感觉。

生：我喜欢看书。而且是那种奇幻小说。我觉得书的想象太奇妙了，把我带到了另外一个神奇的世界，在那个世界里有许多不可思议的事情发生，而主人公又往往是非常励志的人物，我还可以从他的身上获得力量。

……

师：我们每个人都有一种或者几种兴趣爱好，我们喜欢它是因为被它的某种特点吸引住，这也说明我们本身具备对美好东西欣赏的能力，如果能够把自己喜欢的东西写进文章中，肯定会因为你带进感情而且有自己的独特感受而让文章显得感人和生动。写作，其实就是倾诉，就像刚才同学们的叙说一样，把心底里的话说出来，就是好文章。刚才我们一起分析的那篇文章你们觉得写得好吗？

生：很好！

师：想不想知道它的作者是谁？

生：想啊。

师：就站在你们的面前呢。

（学生忍不住欢呼起来，要求老师唱几段戏）

师：你们也可以写得很好的。今天我们这节课有两个目的，一是巩固散文主旨把握的基本思路和方法；二是以读促写，模仿这篇文章写片段作文，就写自己喜欢的东西的特点或者你的感觉。明天上课前交上来。下课！

生：老师再见。

二、课后反思

这节课的灵感源自网络上一篇报道，说某个作家不满于小学教材的选文，自己编教材教孩子语文。语文课离不开阅读教学，阅读教学的目的是让学生提升阅读能力、陶冶情操和借鉴写作，我们用的教材里的文章是经过专家千挑万选确定下来的经典，自然有着规范的意义，方便我们借以培养学生语文的素养。但并不是说没有入选教材的文章就没有作为阅读教材的资格。文本只是一个载体，为我们传授知识、传递思想与情感，以及养成品质服务，假如有的文本能够达到这样的效果，为什么不用呢？于是，我大胆地用了自己的文章。这篇文章因为写的时候倾注了感情，在立意和结构上用了心思，个人感觉能够引起读者的共鸣；而我由这篇文章扩展出的对“人生兴趣和爱好”的思考，正是我要借助文本传递给学生的一种情感态度和价值观。

这个大胆的尝试，也是很冒险的，用自己的文章很有可能会遭遇到被人挑毛病的尴尬，也有可能只是自己在唱独角戏，无法让学生走进文本。不过，课上完了，同学们意犹未尽，我想，这就是我想要的效果，我感觉这样的尝试还是成功的，而且还给了我继续尝试的信心。

老师自己的作品可以用作教材，那么学生的是否可以呢？我觉得也是可以的。我们平时的作文训练会拿学生写得好的文章作为范文，让大家一起来赏析学习。而如果有学生写的文章恰好跟我们的阅读教学主题高度契合，我们也可以以他的文章为拓展教材，来进行阅读教学的延伸，达到知识的巩固和提升的目的。这样不仅会对这个学生有着极大的鼓励作用，对于班上其他同学也是一种激励。

只是，因为戏曲跟学生之间距离还是远了一些，在体会文中作者内心对戏曲的热爱的时候，学生的感受还只是停留在表面，没有办法引起非常强烈的共鸣。这也提醒我，文本还是得挑选贴近学生生活的。

语文本身就离不开生活，我的这个尝试也是“生活语文”的实践。现在回过头再看这节课，虽然是六年前的课，但还是与新课标的理念很契合的。

这节课是一节区级公开课，听课的老师不少，其中有两位老师写了听课感想。

书痴者文必工，艺痴者技必良

——听江海燕老师《散文拓展阅读——〈戏啊……〉》有感

湛江经济技术开发区第一中学　李雪梅

《论语·述而》篇记“子在齐闻《韶》乐，三月不知肉味。曰‘不图为乐之至于斯也。’”作为青年教师，听过江海燕老师很多节课。更多是抱着欣赏和学习的态度。一直很喜欢她婉转悦耳的嗓音、古典娴雅的气质、和善可亲的容态、信手拈来的博学、循循善诱的教法，如诗如画般的课堂情境……喜欢的还有很多方面，但是这堂课却如同听了韩娥的歌，余音绕梁，让我久久沉醉……

这节课的阅读文本是江老师自己的文章。正如她自己所说：“所谓大胆与冒险，就是拿自己的文章来做阅读文本，让学生去体会、去感受。分析文章的时候，仿佛回到当初写这篇文章的状态，不由自主地表现出对戏曲的喜欢。而方法的指导是非常少的。连着下节课，目的在于将学生隐于内心的情感激发出来，去思考兴趣在人生中的作用，也想借此让学生在写作时将笔触伸向自己最熟悉、最喜欢的事物，表现自己的情趣和个性品质。”

这节散文拓展阅读课是基于对必修一散文单元的学习而设计的，首先回顾前面所学，复习如何从“情”和“理”的角度来理解散文主旨。引入对散文阅读的方法点拨。

第二个环节：学生借助之前掌握的阅读方法，鉴赏散文《戏啊……》。首先是对文章感情基调的把握。在回顾了阅读方法后，学生很快就找到了直接表达情感的词、有情感色彩的词和带情感暗示的词，如喜欢、沉醉、沉迷、着迷、陶醉，等等，江老师进一步引导学生找出最恰当的一个词或用另一个词来代替这些词，学生思考一会儿后，有人说痴迷，江老师肯定了这个答案。因为痴迷比这些词的程度更深，感情更浓，更能将作者对戏曲那种寤寐求之、上下求索的热爱淋漓尽致地表达出来。然后江老师根据文章内容，借助 PPT 投映戏曲的有关图片：生旦净末丑的扮相，珠绣辉煌的凤冠霞帔，五彩斑斓的戏服，耀眼夺目的首饰，抛拂抖提的水袖，花旦柔媚娇羞的容态，以及步步生莲花的轻盈，还有江老师自己曾经的扮相……讲到曲调的美，更是播放一段越剧视频，大屏幕上的旦角咿咿呀呀地唱，讲台下的学生津津有味地听，他们对此虽感陌生，但因了文章对戏曲的叙述和描写，也能在视觉和听觉上更进一步理解和把握戏曲之美。当学生知晓文章作者就是站在讲台上的江老师后，学生“啊……”的一声，敬仰之情溢于言表。第二节一上课，学生就激动地大喊让江老师唱一段。于是，江老师就清唱了越剧《红楼梦》的经典唱段《金玉良缘》和黄梅戏《女驸马》中的片头曲《谁料皇榜中状元》：“此生得娶林妹妹，心如灯花并蕊开……”“为救李郎离家园，谁料皇榜中状元……”当音符在嗓门回旋，在舌尖颤动，原本喧腾热闹的教室顿时静悄无语，那甜美婉转、那缠绵凄婉的曲调在空气中流散，每个人都神情专注，努力捕捉那悦耳的音符，不要让它从耳畔溜走。

第三个环节就是激发起学生的情感，让学生顺畅表达。技巧的点拨不若情感的沉醉，正所谓大象无形，大音希声。与其教学生技巧，不如言传身教，以己身来作则。因为文章写的是江老师一生为之痴迷的戏曲，所以听者可以从她含笑的眼眸，对戏曲的娓娓道来中感受到作者对戏曲的喜爱。江老师把内心最真实的情感言传身教给学生，学生自然能感同而身受。设置的教学目标契合考点且合乎文本，让学生把握散文中作者的感情和事物的特征，体味作者对戏曲的痴迷及戏曲之美。至此，学生会受到教师情绪的感染，那被书山题海埋藏许久的怜物之情呼之欲出。推己及人，从而引导学生学会感受生活和表现生活，说出自己喜欢的东西或喜欢去做的事。听者无不如此。我脑海中浮现出了那抑扬铿锵的元杂剧，流丽端雅的明清传奇，那些熟记心中的曲辞重现目前，我仿佛看到杜丽娘在台上袅袅娜娜，缓挪碎步，轻甩水袖；听到那如弹丸走地般清脆婉转的女声，那仿佛被流水打磨过的调子，伴着丝竹笙箫从天际传来："不到园林，怎知春色如许！原来姹紫嫣红开遍，似这般都赋予断井颓垣，良辰美景奈何天，赏心乐事谁家院……"

子曰："知之者不如好之者，好之者不如乐之者。"从江老师在分析文章时，对戏曲喜爱的不由自主地流露，我知道必先得成竹于胸中，方能画其竹，也才能让观者感其竹。为师者也当如此。这就是言传之而身教之，这就是要想给学生一杯水，老师必须要有一桶水。

很喜欢蒲松龄在《聊斋志异》中的这段话："性痴则其志凝，故书痴者文必工，艺痴者技必良。世之落拓而无成者，皆自谓不痴者也。"为人师者，也需自痴于其职也。

听江主任《戏啊……》一课有感

湛江经济技术开发区第一中学　谭敏

听过江主任很多课，每一次都有深深的感动。《戏啊……》这一堂课，像一朵开在我心中的莲花，那芳香久久萦绕心头，牵引着我前行的脚步……教育是一条美丽而曲折的幽径，路旁有妍花和丽蝶、鲜花和果实，我们不妨放慢匆忙的脚步，去观赏和感悟。用心感受生命的美好，并将这一份美好的感动带进课堂，与孩子们分享，你会惊奇地发现，在这样的课堂上，充满着诗意，充盈着幸福……

而这样的课堂实在是太少太少！我，还有许多位语文老师，一直在行进，只一心一意地渴望赶到我们理想中更加美丽的豁然开朗的大道，然而在前进的程途中，却逐渐树影凄凉，花蝶匿迹……语文课堂缺少文学气息，缺少灵动的生命，何来美的熏陶？

江主任这一节《戏啊……》，像山野的风，像山涧的水，让人清新起来，触动我内心最柔软的琴弦！

这样的老师是富有才情的！当你读着“当音符在嗓门回旋，在舌尖颤动，在口腔内缠绕，在鼻腔内绵延，我的心便跟着柔软起来，以天地为舞台，演一出只有自己欣赏的戏，整个人就漾在自己的声音里，深深沉醉！”“没有舞台，我对镜自演；没有伴奏，我张口自吟；没有知音，我倾耳自听；没有观众，我起步自舞；没有掌声，我顾影自怜……”等句子时，一个痴迷于戏曲的多才多艺的老师已足够让你惊叹！多么投入的爱，多么细腻的文字，多么执着的坚守……都深深打动你，触动你的心，也许，在某一段岁月里，你也曾痴迷于某一件东西，可什么时候将它丢失了？多可惜！生命中真的需要一种坚守，因为有了它，你的灵魂才会更丰富！而语文课堂的精彩在很大程度上来源于语文老师有丰富的学识与多样的才华，有多少语文课堂因为老师的一点点放弃而变得黯淡！是的，有才情的老师才能营造出魅力课堂，江老师用自己的作品作为教学文本，用自己对戏曲的痴情来诠释“坚守”的意义，用自己的真情来唤醒学生对生活的热爱，滋养孩子们生命中值得坚守的种子，用自己的才华来点醒在文学之道上渐行渐远的语文老师们……最是诗书能致远，腹有诗书气自华！我深深佩服如她一般的师者！

这样的课堂是富有智慧的！华美的戏曲服饰，悦耳的抑扬曲调，优雅的身姿，能激起你心中美的情愫。在这样的课堂上，学生的情感体验是新奇的，学生会为这样的美而欢呼，如果课堂仅仅限于欣赏美这样一个层面，可能还缺少一份情感上的共鸣。因为没有深入的了解，就没有深度的共鸣。而现在有多少孩子愿意看戏曲呢？传统的印痕在“90后”学生的身上已变得模糊了。当传统遭遇现代淡漠时，如何去启发？一方面，江老师通过创设情境将学生带入戏曲世界；另一方面，当学生仍然感觉很难体会戏曲这种荡气回肠的婉转时，江老师能智慧地点拨学生，“当你听到一首你喜爱的音乐时，你有什么样的感受？”在看似无法逾越的情感面前，老师用智慧打通了情感的桥梁，在这里，我们看到了学生与文本情感交融的欣喜！

在这样的课堂上，每一位听课者都是幸福的！江老师带来的不仅仅是视觉和听觉的戏曲艺术盛宴，更是一场充满力量的情感洗涤。不论是江老师对戏曲的痴爱，还是台湾 80 多岁高龄的老师痴迷于蝴蝶默默坚守成就事业……那一个个鲜活的画面点燃了我心中的热情，那一刻起，心灵就如行走在阳光大道上，变得敞亮起来，那些曾经被遗失的值得珍重的兴趣啊，我要把你寻回！

“当兴趣成为一生的追求，它会锻炼你的意志，它会培养你的情趣，它会形成你的气质，它会成为你的标志，它会成就你的事业，它会成就你的人生。”生命之路芬芳，且行且珍惜，做一个文艺的语文老师，来点缀出多姿而有灵性的语文课堂吧！

这节课的成功让我对自己的认识更加坚定。语文教材不是唯一的，也并不是只有课本上的才可以教，只有权威作家的文章才能用。语文学习从来就不是机械的、呆板的，而是灵活的、生动的。语文教学不只是教课本上的内容，让学生了解作家作品，体会情感，赏析语言，还可以借助别人的经历来丰富自己的人生经历，从别人的人生感悟中获得人生的启迪。既然这样，凡是可以达到这个目的的又为何不能用呢？与其让学生在远离自己的生活年代的时空里勉为其难地寻找自己与作者的契合点，不如就让学生从身边的人的生活中得到更为直接的共鸣。这个尝试既是一次如何运用课外教材对课内内容进行举一反三的检测，也是一次生活语文的展示。

生活中处处都有可以作为教材的素材。教师的文章可以，同学和家长的文章也可以。网上的无名氏的文章只要合适，也是可以的。电视剧、电影的内容，综艺节目上嘉宾的发言，都可以拿到课堂上来，这些都是鲜活的语言素材，用以帮助学生把握语言、锻炼语言的运用能力，还会让学生觉得亲切而容易接受。比如，教学小说单元，可以让学生学写小说，然后挑选其中写得最好的小说按照老师上课讲授小说的方式进行探究；教学文言文单元，可以让学生试着用文言文来播报新闻；教学古代诗歌鉴赏，则可以让学生去寻找流行歌曲中的古典元素……语文学习一旦从课内延展到了课外，语文课堂就广阔起来了，学生就能够感受到语文的有用、有味、有趣了。

3. 语文知识梳理探究

原人教版高中语文必修一到必修五的教材除了有阅读教学和写作教学的内容外，还有两个被人忽略的单元：名著导读和梳理探究。我非常喜欢这两个单元，名著导读每册介绍两本名著，五册就是十本；梳理探究每册有三个内容，五册就是十五个内容，涉及语言文字的各个方面及其在生活中的广泛运用。包括：优美的汉字、奇妙的对联、新词新语与流行文化、成语：中华文化的微缩景观、修辞无处不在、姓氏源流与文化寻根、交际中的语言运用、文学作品的个性化解读、语文学习的自我评价、逻辑和语文学习、走近文学大师、影视文化、文言词语和句式、古代文化常识、有趣的语言翻译。统编版五册书把这些梳理探究简化成了四个内容：家乡文化生活、词语积累与词语解释、认识多媒体、逻辑的力量。我认为，这一简化让语文课堂少了许多与生活相接的机会，少了许多学生在学习生活语文时的乐趣。

梳理探究是一项非常好的语文活动。学生通过梳理知识，找到语言的规律，感受语言的魅力。比如，“优美的汉字”这个内容，可以让学生以小组为单位对汉字的起源、汉字的发展、汉字的特点、汉字的含义、特殊的汉字等进行梳理探究，学生在梳理过程中会发现很多非常有趣的汉字和运用汉字的有趣的故事，对汉字就会产生深入探究的欲望。而汉字的探究不仅是了解有关汉字的知识，也可以让学生产生对汉字的敏感性，直接影响到对汉字的理解和运用。而“奇妙的对联”这个内容可以让学生梳理对联的产生、对联的发展、对联的种类、古今名联等，在梳理过程中，学生不仅了解了对联的知识，也感受到对联的奇妙之处，对中国传统文化产生热爱，增加民族的自信心和自豪感；还可以把对联运用到写作中和生活中，有意识地传承和弘扬传统文化。“逻辑和语文学习”这个内容也是非常有趣的，学生自己梳理之后，会找到一些语言的规律，感受逻辑的力量。“姓氏源流与文化寻根”“影视文化”等都能激发学生的学习兴趣，让学生感觉语文学习与生活的紧密相关。这些内容并非可有可无，而是非常好的材料。我对这个内容的重视不亚于对阅读和写作的重视。我的做法是：根据教材内容，设计几个探究任务，让科代表安排各个小组抽签决定完成的任务，小组自行制作课件，在班上进行解说。下面是学生制作的相关课件：

“优美的汉字”梳理探究

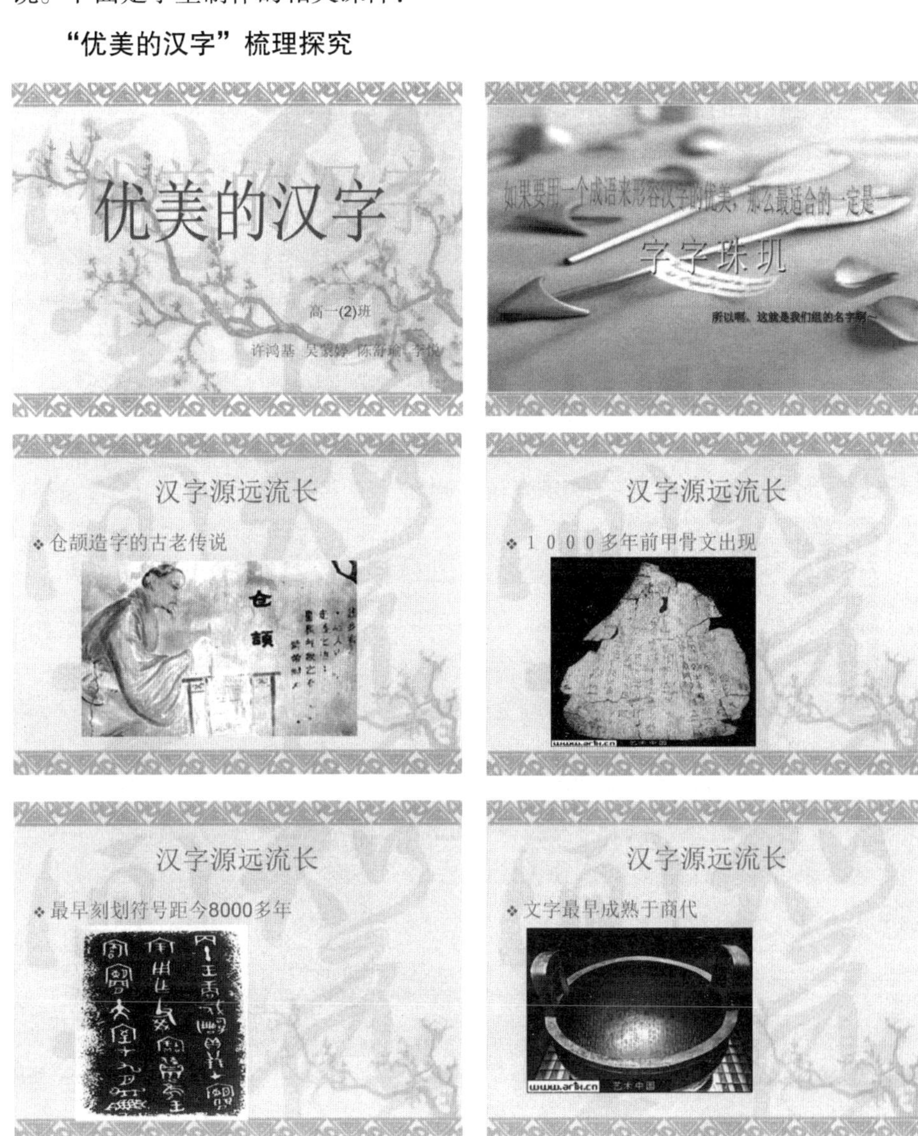

汉字源远流长
经过千百年的演变，逐渐形成优美的汉字
汉字经过如此长久的演变，沉淀出人类文明的精粹。这种精粹，博而广，深而美。
汉字的美主要体现在音、形、文上。但领略汉字的美却不只这三个角度。
我们组研究汉字的美，从另外四个方面展开。
1. 美在名书法家之作
2. 美在一字纳多字
3. 美在汉字的构成
4. 美在用现代的眼光看古字
美在各书法家之作
以王羲之、颜真卿、怀素的书法特点和作品展示
美在各书法家之作
王羲之的字平和自然，笔势委婉含蓄，遒美健秀，飘若游云，矫若惊蛇.
美在各书法家之作
颜真卿的字立坚实骨体，求雄媚书风，究字内精微，求字外磅礴.
美在各书法家之作
怀素运笔迅速，如骤雨旋风，飞动圆转，随手万变，而法度具备.
美在一字纳多字
以北京恭王府内的三绝之一——福字碑为例展示。
“天下第一福”

美在一字纳多字

- 恭王府的『福』字碑为康熙御笔之宝，隐于密云洞中，谓之『洞天福地』
- 右上角的笔画像个『多』字，
- 右下角为『田』
- 左边极似『子』和『才』字
- 右边像个『寿』字
- 故整个『福』字又可分解为『多田多子多才多寿多福』

美在汉字的构成

- 主要演示上形下声、上声下形、左形右声、内形外声等构成法构成的汉字。

美在汉字的构成

- 上形下声：露、花、岗、草、笠、芳、窥、景、箱
- 上声下形：烈、忘、警、恭、剪、堡、帛、贷、盒
- 左形右声：液、购、榻、腋、姐、镰、码、枫、滨、馆、镁
- 内形外声：问、闻、闷

美在用现代的眼光看古字

- 某些古字与现代汉字相差甚远。用现代的眼光看古字，别有一番趣味。

美在用现代的眼光看古字

- “一”　的异体字
- （有点像“阿拉伯繁体字”，估计是古人喝多的时候发明的）

美在用现代的眼光看古字

- “雷”的古字。
- （听见打雷开始写这个字，等写完之后估计雨都下完了）

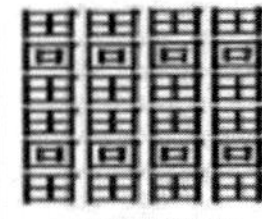

美在用现代的眼光看古字

- “河”的古字。——（感觉河里有若干“大白鼠”似的）

美在用现代的眼光看古字

- “恋”的古字。————（恋爱果然相当复杂）

学生根据老师布置的任务，对知识进行梳理，重新建立自己的逻辑，确定要展示的内容，制作成形象生动的课件。这个过程是对学生语言建构与运用、思维提升与发展、审美鉴赏与创造、文化理解与传承的素养的培养，学生在这个过程中也由衷地感受到祖国语言文字的神奇魅力。在开展梳理探究活动的时候，课本上的资料只是参考，学生根据自己的理解，增加了许多有趣的内容。他们为了把内容讲得更精彩，会添加合适的图片，插入好听的音乐和视频；为了营造氛围，感染同学，还会加上深情的导语和结束语。比如，在梳理探究“文化寻根”这个内容时，有一个组的学生选择了“根”中的民歌来梳理探究，他们精心撰写了导语：

寻觅　寻觅陌上花开　缓缓归依
寻觅　寻觅余烟缭绕　关山沧月
寻觅　寻觅默落的回忆路上缥缈的烟云
寻觅　寻觅一种民谣唱尽一种相思　两处闲音
寻觅
走近走近　　倾听倾听
是谁把悠悠的谣歌唱响　　透入心扉
朝花夕拾是迟来的回望
顾盼　　顾盼

也撰写了饱含深情的结语：

唱不尽
唱不尽长河落日漫漫
黄沙羌管悠悠霜满地
唱不尽
唱不尽锦帽貂裘牵
黄擎苍会挽雕弓射天狼
唱不尽
唱不尽帘卷西风瘦比黄花
物是人非事事休
唱不尽
人不言散
只因曲不曾终
无论身在何方

不忘携一曲

隽永的中华民谣

延唱　延唱

可以进行梳理探究的也不仅是课本后面这些语言文字知识，每个单元学完之后都可以用一节梳理探究课来总结、巩固和查漏补缺。散文单元可以对散文的文体知识，本单元所选课文作家作品，每篇课文的内容、结构、情感、艺术手法，散文阅读的思路，散文探究题的角度，以及答题思路和答题规范等进行梳理；小说单元可以对小说的文体知识，本单元所选课文作家作品，每篇课文的情节、人物、环境、语言、艺术手法，小说阅读的思路，小说探究题的出题模式、答题思路，以及答题规范等进行梳理；古代诗歌单元可以从诗歌的文体知识，诗歌的分类、意象、情感、语言、风格、表现手法，诗歌的阅读思路，设题角度、答题思路和答题规范等去梳理；文言文单元可以从文言文基础知识——文言实词、文言虚词、文言句式、文化常识等方面去梳理。梳理不等于简单的整理，学生在梳理过程中会形成自己的知识框架，实现知识的建构。我在教完必修四诗歌单元之后，就安排学生对本单元进行梳理探究。在探究之前，我自己做了一个示范：

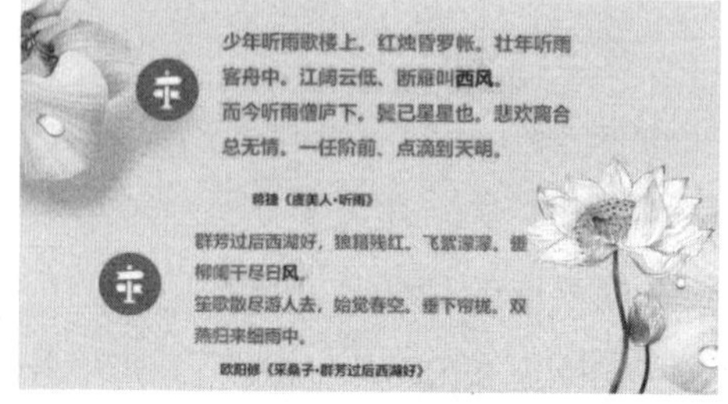

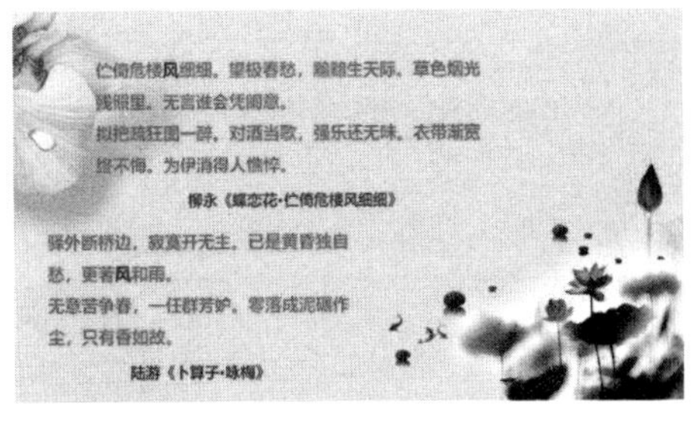
伫倚危楼风细细，望极春愁，黯黯生天际。草色烟光残照里，无言谁会凭阑意。
拟把疏狂图一醉，对酒当歌，强乐还无味。衣带渐宽终不悔，为伊消得人憔悴。
柳永《蝶恋花·伫倚危楼风细细》
驿外断桥边，寂寞开无主。已是黄昏独自愁，更著风和雨。
无意苦争春，一任群芳妒。零落成泥碾作尘，只有香如故。
陆游《卜算子·咏梅》

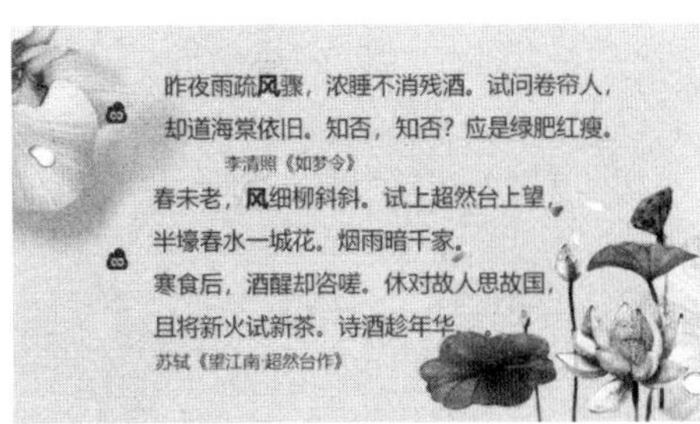
昨夜雨疏风骤，浓睡不消残酒。试问卷帘人，却道海棠依旧。知否，知否？应是绿肥红瘦。
李清照《如梦令》
春未老，风细柳斜斜。试上超然台上望，半壕春水一城花。烟雨暗千家。
寒食后，酒醒却咨嗟。休对故人思故国，且将新火试新茶。诗酒趁年华。
苏轼《望江南·超然台作》

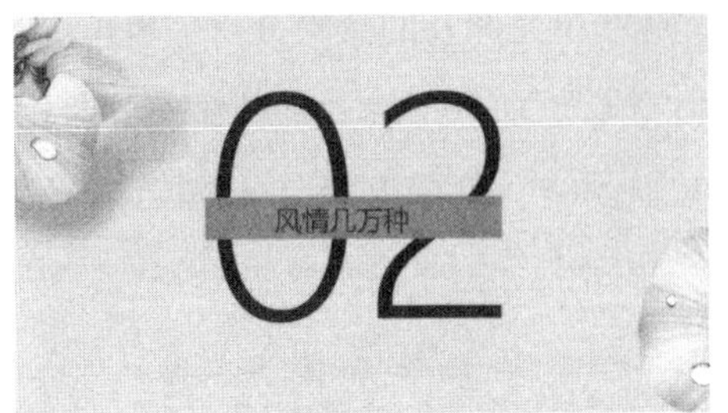
02
风情几万种

昨夜雨疏风骤
风细柳斜斜
伫倚危楼风细细
更著风和雨
断雁叫西风
垂柳阑干尽日风

狂风、冷风、热风、暖风、清风、东风……
夹雨的风
西风
细风
细细风
骤风
尽日风

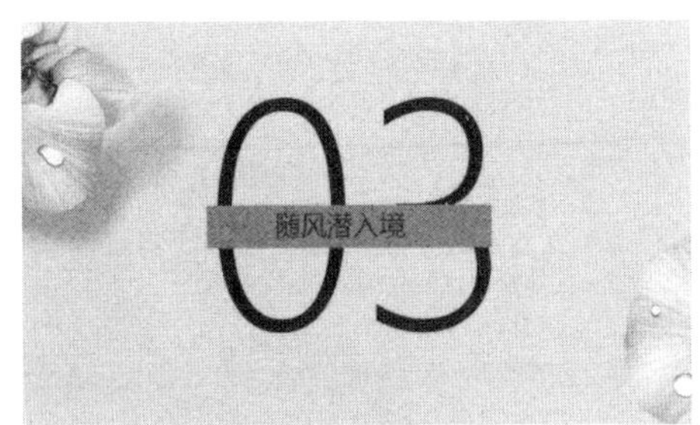
03
随风潜入境

恶劣环境
摧残了美好
孤独、凄冷
一缕轻寒春还在

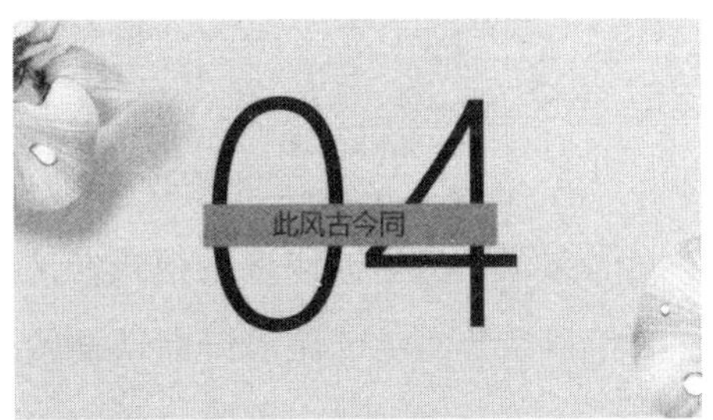
04
此风古今同

那是一缕清风
轻悠悠地吹过苏轼的超然台
将故乡的声音
沉在新火煮的茶里
那是一缕清风
轻柔柔地吹过柳永望远的楼头
拂过手中的酒杯
带走了相思的滋味
那是一阵狂风
任性地刮了一夜
未消去易安的醉意
却削减了海棠的丰姿

那是一场冷风
和着雨吹向断桥边的梅花
任放翁的咏叹里
成就了永世的芳香
那是一阵西风
随雁声闯入蒋捷的舟中
江阔云低
止不住的飘零意
那是一湖痴风
不忍看群芳凋枝头
借柳絮迷蒙欧阳修的眼
留得这春色仍满园

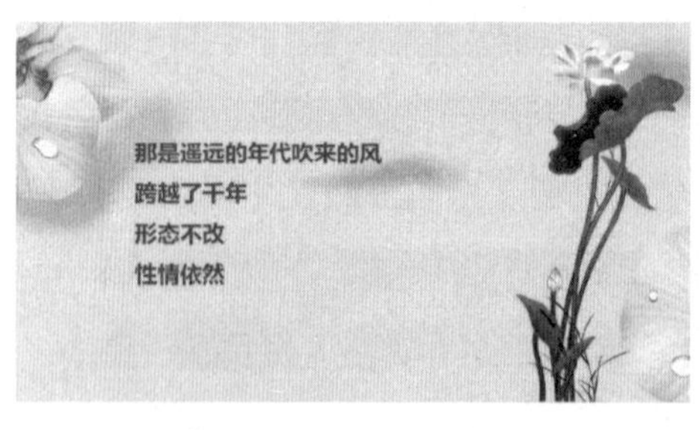

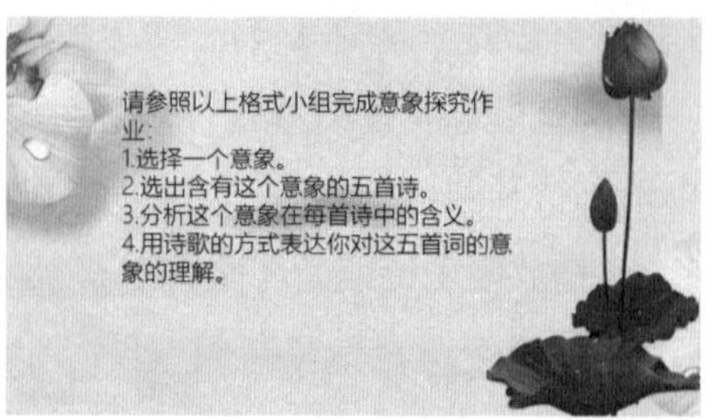

学生参照我的示范，完成探究作业，对本单元涉及的意象进行了梳理。

这种课特别适用于高考复习课。每一个专题复习完后，可以拿一节课让学生进行知识的梳理，建立起本专题的知识网络，既是巩固，也是检测，还可以为以后的复习提供很好的参考资料。如下图：

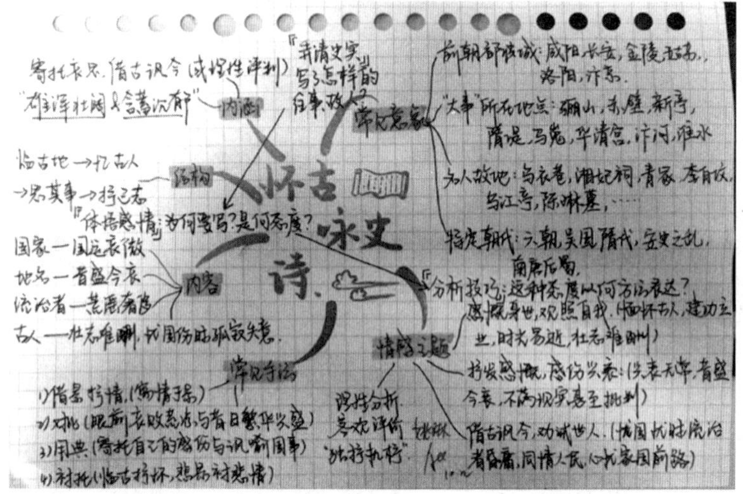

语文课堂教学有许多种模式，这些模式的创立与使用跟上课的老师对语文的学科认知有关，跟教师对课文的理解有关，跟学情有关。我主张生活语文，一方面是因为我认为语文与生活息息相关，生活就是最好的语文教材，而语文学习的目的就是为了在生活中进行运用；另一方面，我觉得语文课堂就应该让学生动起来，只有让学生动起来，语文才能活起来，才能真正表现生活、服务生活。所以，我在语文课堂上采取主题式学习、项目式学习、情境式学习、探究式学习等教学模式，以主题引导，以项目引导，以情境引导，以问题引导，充分发挥学生的自主性，通过自主学习和合作探究来完成任务，掌握必备知识和提升关键能力。

三、激励评价：让“生”在语文课中“活”起来

生活语文的“生活”不但指日常生活的“生活”这个词所涵盖的内容，还是一个词组：生，活。“生”既是名词，可指学生，生活，生命；也是形容词，生动。“活”可以是形容词，活泼，活跃，鲜活；也可以是动词，活起来，动起来，活动；还可以是名词，活动。前面的课程设计和课堂教学，也是充分考虑到体现“生活”的多种含义的。所有的活动的主体是学生，所以，学生动起来，语文课才能鲜活，才能活泼，才能活跃，生命才能呈现出一种蓬勃的生机和活力。

要让学生动起来，活起来，就得让学生有事可做，有兴致去做。我的做法有两种：建立完善的组织结构，让所有的学生动起来；设置多元的奖励机制，让所有的学生活起来。

（一）完善的组织机构

每一个组织单位都有自己的运作方式，组织机构健全，运作就正常并且会向良好的态势发展。学校的发展，也是如此。一个学校，由不同的部门和不同的年级组成，每一个年级又有若干个班级，级组长不同，可能管理年级的方式不同，虽然是同一个学校，年级之间会存在发展的差距；班主任不同，管理班级的理念不一样，即使是同一个年级，班级之间也会存在差距。同样，同层次的班级，科任老师不同，学科的发展也不一样。而科任老师的不同，不仅是教学能力的不同，教学方法的不同，还有教学组织的不同。这些不同中，教学组织最容易学到。

1. 组织形态

我听过不少语文老师的课，很少有老师做到让每个学生都参与到学习中的。每一节课，总是有那么几个人提不起兴趣。当然，并不是所有的学生都对语文感兴趣，我们也不能保证每一节语文课都那么有吸引力，我们能做的，就是尽可能多地吸引学生，让学生参与到学习中。我自己就有很深刻的亲身体验。在我读书的时候，如果老师让我承担什么工作，我会很乐意去做，而且会想方设法地做好，来赢得老师的肯定和同学们的羡慕。十五六岁

的少年，正是想要在同龄人面前展示和表现的年龄，谁都希望得到老师的关注，有着与众不同的待遇，得到肯定、赞扬和羡慕。语文学习，涉及面很广，涉及的事务也很多，只要老师想得出来，都可以成为一份任务。传统的语文学习任务，老师会安排一个科代表去布置和执行，科代表安排小组长去完成。一个科代表，什么事情都是他说了算，没有分担，也没有合作，更没有相互间的竞争；小组长也只是自然组的组长，所有学科的共用组，组长没有分科，显示不出语文任务布置和活动组织的独特性。因此，我决定组建属于语文学科学习的机构。既然是机构，就应该是自上而下，分层管理，分工合作，协调一致的。机构的领导自然就是我，我的下面直属我管理的不能只有一个人，最好是多一点儿，那就四个人吧，就是传统的科代表，别人一个，我定四个；再下属科代表领导的，就应该是组长了，组长也不能比科代表少，这样才显示科代表的地位。机构确定下来了，就是具体的分工，一定要让每个人清楚自己的职责，他们做起来才不会毫无目的。下面是某一年我的分工表：

姓名	职责	要求	检查
尤春华	总协调基础知识的积累	课内基础知识主要是生字词的读音，每天晚修前将语文基础知识手册中的内容抄在黑板上，要求同学们抄下积累	不定时抽查各组长和小组积累本
窦碧婷	资料的发放和督促完成	经常去办公室看是否有印发的资料，领回教室及时发给同学们，并且督促同学们在规定时间完成	1. 及时公布答案，并且答疑 2. 及时收发资料 3. 不定时检查教辅资料的完成情况，及时汇报给老师
张智雄	收发作业、组织活动	按小组收作业，包括摘抄和作文根据老师的安排，及时布置语文活动的内容，督促相关人员完成，及时反馈作业情况	登记小组作业上交情况 每周提前安排阅读分享的小组 督促各小组完成活动的准备工作

（续表）

姓名	职责	要求	检查
李慧敏	带读、组织背诵和默写	负责早午读带读，选择适合读的内容 每节课上课前预备铃响起马上带同学们读书。只要是要求背诵的篇目，及时组织背诵并且默写	带读时也可以要求同学们齐声背诵。可以读教辅资料中的内容。先齐读后自由读。及时检查背诵和默写，将检查情况汇报给老师

四个科代表地位并不是一样的，其中一个是总协调，也就是特殊情况，可以直接代替我行使权力。从基础知识的积累、资料发放、作业布置和收集、读书再到课前三分钟、语文活动的开展等都有专人负责。把这些任务分给四个人，减轻了科代表的负担，而且能够提高效率，在任务不多的情况下，学生能够把这个任务完成得更好。科代表是跟语文老师最亲近的人，也是语文学习最积极的人，现在有四个科代表，积极学习语文的就由一个增加到了四个，再加上语文学习小组长，那么主动积极学习语文的就有十几个了。这个表格没有显示组长的职责和分工，组长是由小组选出来的，一定是对语文学习感兴趣，愿意领着大家学习语文的同学担任，因为许多活动直接由组长组织，组长有很多权力和表现的机会。同时，我也要求要有组内文化建设，包括组名、组歌、组目标、组口号、组徽。开展活动的时候，就直接用组名来称呼。下面是一个组的文化建设：

组名：燃烧

组长：豆海芸

组员：李敏洁　豆成志　王淑云　王臻　陈山伍　陈槿著

组歌：《怒放的生命》

组目标：成为最醒目的一支火焰

组口号：生命怒放，无畏风雨；胸藏丘壑，壮志凌云。

组徽：

2. 分组形式

上面所说是基本的常规组织形态，小组的组合是以相同志趣为依据。我的分组还有别的依据，大致可分为以下三种，分别是：

（1）同“志”组：由相同志趣的同学自由组合成一个相对固定的学习小组，荣辱捆绑，合作共进。就是上面所说的有组名，有组歌，有组内目标和组口号的固定组。这样的组通常是作业的收发、资料的收发、语文活动的开展时捆绑在一起。如下表：

组名	组员	组长	口号	目标
博雅北极星	刘恩銮、方泽欣、李若情、何其睿、曾泽曦、姚琳、彭凡玲	刘恩銮	既要脚踏实地，也要仰望星空	博学高雅
UNO	周馨怡、董晨熙、冯倩彩、刘锞、张美婷、吴韵融	周馨怡	You know，you know	都知道
好运来	黄诗怡、魏乐怡、朱丽丽、吕莹莹、衡文慧、罗芸、韩瑜欣	朱丽丽	好运来祝你好运来，好运带来了喜和爱	好运来
晓	谢恩泽、连文豪、胡靖铭、李泽杰、何鑫琦、蒋家藤	谢恩泽	春眠不觉晓，读书要趁早	清清楚楚、明明白白
氓	林俊豪、黄正扬、刘子涵、王梓皓、吴栋桦、黄庆森	林俊豪	氓之嗤嗤，抱本贸思	民——名

来看看同“志”组的活动：

上课研讨

小组作品：

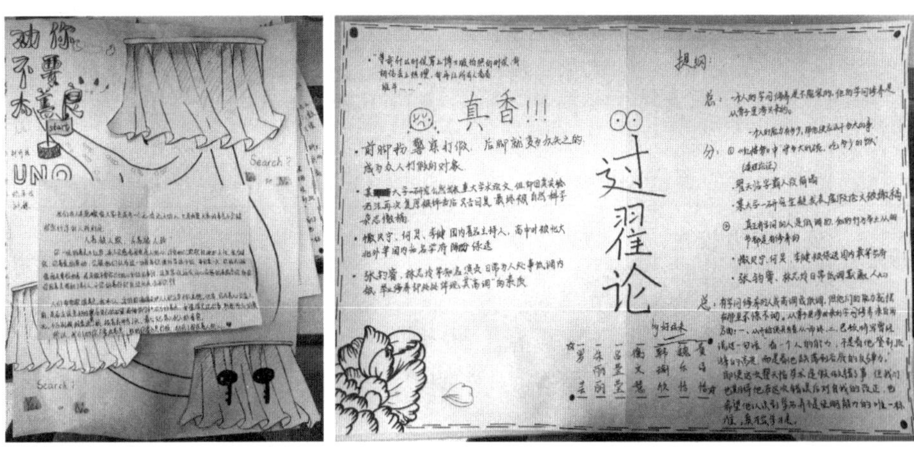

（2）同“技”组：根据每个同学的优势、特长，按照语文学科核心素养和高考考点要求，将全班同学分成若干主题组。在语文学习上，有的学生擅长朗诵，有的写作能力强，有的很有耐心，有的做事很细致，有的理解能力强，有的能言善辩；还有一些在某一项上比较薄弱，字写得不够好，上课不爱发言，作业总是不能按时交。我既要发挥有些学生的特长，也要发动后进学生，让他感觉有成就。除固定组外，我将全班同学重新又分了组，并分配了任务。这样的组的工作通常是在课外，利用零散的时间，让学生通过一些任务进行语文知识的积累。比如，课前三分钟，晚修前十分钟等。如下表：

组名	特长	职责	成员	负责人
智囊团	办法多	提供智力支持	谢恩泽、吴韵融、李若情、吕莹莹、曾泽曦、张美婷、姚琳、周馨怡、衡文慧	李若情
检查者	细致、认真	督促小组落实	朱丽丽、胡靖铭、黄正扬、董晨熙	朱丽丽
思想者	爱思考、善提问	语文园地（纸上论坛）	林俊豪、蒋家藤、衡文慧	衡文慧
朗读者	善朗读	组织朗读活动	方泽欣、张美婷、吴韵融、刘子涵	方泽欣

（续表）

组名	特长	职责	成员	负责人
鉴赏者	审美能力较强	每周一晚进行美的分享（美文、美画、美乐、电影等一切美的东西）	何其睿、周馨怡、彭凡玲、黄诗怡、刘恩銮	周馨怡
梳理者	梳理能力较强/学习不太主动	以思维导图的方式梳理每一课的知识点	王梓皓、吴栋桦、魏乐怡、韩瑜欣	魏乐怡
积累者	在某方面稍薄弱/学习不太主动	每天成语、文化常识、文言实词、虚词的内容安排	李泽杰、曾泽曦、连文豪、何鑫琦、罗芸	曾泽曦
编辑者	作文写得好，善绘画，会编辑	班刊	方泽欣、刘锞、周馨怡、冯倩彩、彭凡玲、吕莹莹、黄庆森	方泽欣

这些组的组员选定采取双向选择的方式。在根据语文学习需要确定了八个组之后，我将每个组的性质、要求告诉给科代表，让科代表在班上进行宣传并且招募成员。而我的内心也有基于我对同学们的认识而确定下的人选。

①智囊团是最受同学欢迎的组。因为这个组凌驾于其他组，是语文活动开展的核心力量。这个组是要帮助语文老师进行教学设计，有时候还要开展语文学习活动；及时发现班上同学学习语文存在的问题，及时帮助同学解答问题的组。出镜率较高。智囊团设一名团长，负责组织团内活动和安排组员任务。

②检查组。这个组的设立主要是为了让平时经常不交作业或者不大爱学习语文的同学动起来。不爱背书吗？那就听同学背，听了二三十遍，也等于自己读十多遍了。默写很随意吗？检查同学的默写并且统计最容易错的字词，分析错误原因，自己也就不会犯同样的错误了。此外，本组成员还有权力检查其他组的工作。

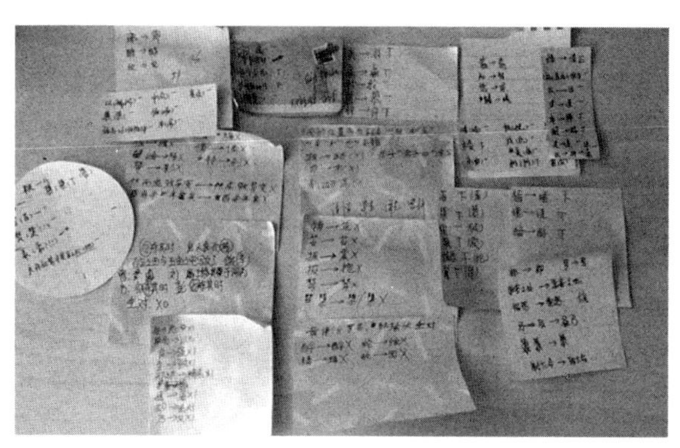

③思想者。这个组的设立目的是鼓励学生多思考，借助少部分爱思考的学生的力量激励更多的学生勇于发表自己的看法。班级有一个笔记本专门用于表达思想，思想者每周必须要确定一个话题引发同学们的讨论，自己先引出话题，然后发表自己的观点或者引出问题。除了在班级论坛上发布话题，引发讨论，思想者也要在课堂上起到模范带头作用，多提问和多回答问题。

④朗读者。朗读者的设立是为了发挥擅长朗诵的同学的作用，希望能够在这些同学的带动下，班上形成良好的朗读氛围。高中生在读书的时候很多不愿意开口，有的虽然开口，但是声音很小，早读时几乎听不到很响亮的琅琅的读书声。平时上课需要同学朗诵时，也少见同学举手。设立朗读者，让朗读成为朗读者的义务，让带读成为他的责任。朗读者不仅是有义务，还有权利。在朗诵比赛活动中，朗读者可以挑选参赛者，确定朗诵的篇目和组织参赛。

⑤ 鉴赏者。审美鉴赏与创造是高中语文四大核心素养之一，鉴赏能力的培养是语文教学的重要任务。这个组的设立就是为了让学生去关注美、鉴赏美，从而能够创造美。美的范围非常广泛，一个人站在面前，可以从外形、肤色、容貌、举止、言谈、服饰、气度等方面进行审美；一篇文章，可以从遣词造句、文章构思、人物形象、环境描写、情感表现、艺术手法等多方面

进行审美；一部电影，可以从故事情节、音响、色彩、人物、主题等方面去鉴赏。还有风土人情、自然风光、建筑美食、文化艺术，等等，凡可以鉴赏的，都可以拿来审美。鉴赏者这个组也是热门组，可以有表现的机会，一般是每周一次，一次两个鉴赏，由鉴赏者组长来安排分享的组员。鉴赏分享一定要制作课件。

以下是鉴赏者周馨怡的动画短篇《包宝宝》的部分鉴赏课件

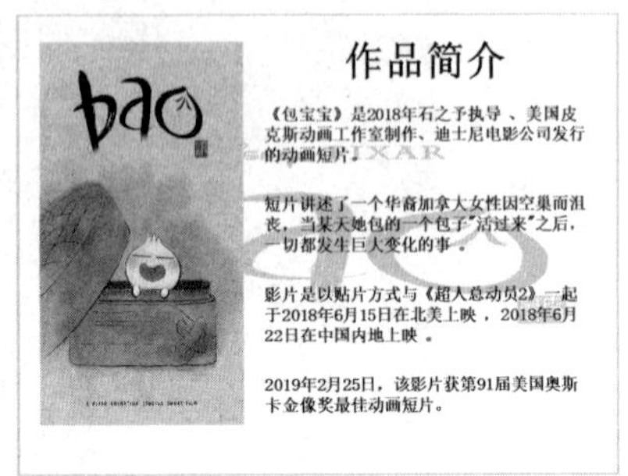

⑥梳理者。顾名思义，梳理者就是专门负责梳理的同学。对于高中生来说，梳理是一种很重要的能力。高中的语文知识相对初中更多更广更深更杂，如果不会梳理，就很难形成自己的知识体系。为了让学生养成及时梳理总结的好习惯，更是为了让学生能够及时对知识进行梳理，形成自己的知识体系，我设立了这个组。负责梳理的同学是平时学习比较认真，做事细致稳妥，比较有耐心的孩子，因为我需要他耐得下性子，不会粗枝大叶。比如学习完《过秦论》，梳理者就应该把这一课的知识进行梳理。

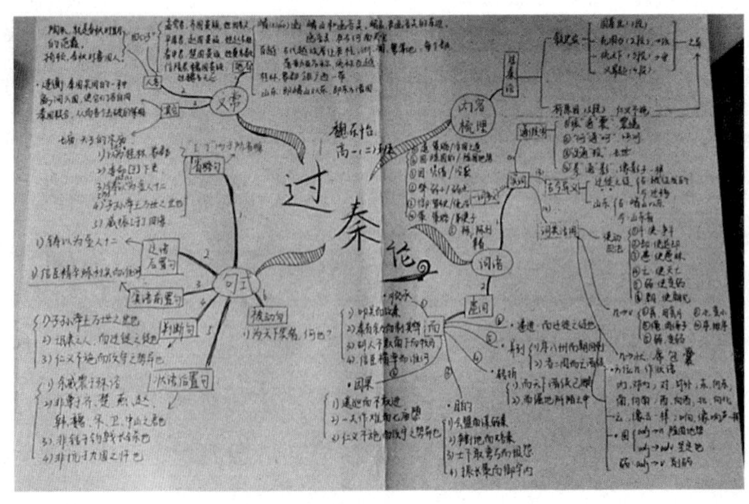

⑦积累者。积累者负责的是基础知识的积累。包括每篇课文涉及的新的词语，文言文实词、虚词和固定短语，还有成语。每一项都由专门负责的同学负责。比如成语，就由一个同学每天准备好三个成语，包括成语的来源，什么意思，如何运用。学到文言文的时候，就由专门负责实词的同学将实词所有的词义写在黑板上让全班同学抄写下来进行积累，负责虚词的同学将虚词的若干用法及例句抄写在黑板上让全班同学抄在笔记本里。

⑧编辑者。一个班级应该有属于自己的刊物或者报纸，让同学们的日常留下痕迹，让同学们的才情能够展现。我虽然不是班主任，但班级报刊这样与文字有关的事语文老师还是可以发挥一下作用的。胜任编辑的条件一是热爱；二是文字功底好。报刊的题目由他们自己定，内容也由他们定，但是每期至少要有 50% 的内容是班上同学的原创。除了办好班刊，还可以将同学们摘抄的好文章集中起来，做成集子供大家传阅。

高一（2）班摘抄点评分享集

（三）

2018.11.26

美文共赏

尺子

100分到98分，挨一顿揍，从55分到61分，得一个吻，这看似荒诞不经的故事，却常常发生在我们身边，许多人看来，前者退步了挨揍是天经地义，后者进步了得吻是理所当然。

我们常说，要一把尺子量到底。在现实生活中，应当说尺子是最公平的，但拿在不同人的手里，去度量不同的人，就会出现不同的结果。我们习惯了妈妈在厨房中的忙碌，一日三餐总是准时吃到可口的饭菜，可当有一天，我们回家面对着干锅冷灶的时候，却首先想到的是无饭可吃，沮丧之余，面露愠色，甚至开口责备，完全忽略了她累了病了，撑不住了，连烧口开水的力气也没有了，而我们的爸爸偶尔下一次厨房，煮一碗面，却能让一家人感到万分知足。惯性，使我们的尺子变得富有弹性，却无法丈量出爱的深远。

每个单位都良莠不齐，有干的有看的，也有捣乱的，总有一些秃子混在和尚之中滥竽充数。奇怪的是干的永远在干，看的一直在看，而干得越多失误也越多，得到的批评也越多，而那些看客，偶尔投机取巧做做样子，就会名利双收，甚至那些捣乱的，变得乖巧一些，就会让领导和一众众人皆大欢喜，心满意足。惰性，使我们的尺子带了偏见，就再也无法凝聚众人的力量。

大家还记得北方小城那位舍粥的大嫂吗？每到冬天她就半夜起来，熬上满满的三锅热粥，免费送给寒风中瑟缩的清洁工、穷苦人和乞丐，数年如一日，不曾间断。而当有一天，一位老汉从中吃出了一粒沙子，顿时将一碗热粥泼在大嫂的身上，而领粥的人，也瞬间划分为两大阵营：有人说老汉不该撒野，也有人指责大嫂不该掺沙子。薄情，让我们的尺子扭曲，冷了多少善良的心。

开县一辆满载了19名乘客的中巴，突遇险情，一头栽进深达五米的水塘，当地村民金有树跳进冰冷刺骨的水中，砸开车窗将19名乘客全部救出，自己却因长时间冷水的浸泡患上肺病，举债治疗数月，告借无门，不得不离开医院，病死家中，19名幸存者无一人去医院探视，更无人为他送行。金有树临死前写下一封信，第一句话就是："我救了19人的命，现在谁来救我的命。"冷漠，让我们的尺子訇然寸断，留下无尽的遗憾。

每个人心里都有一把尺子，我们用它来衡量别人，更要时常度量自己。这个世界，应当有这样一把尺子，于情充满温暖，于理凸显公平，于法彰显正义，时时刻刻闪耀着人性的光辉。只要坚持从我做起，从一点一滴做起，苛责自我，宽厚待人，星星之火，势必燎原，人间终会洒满阳光，洒满爱。

（李若情推荐）

小小的岛

郑愁予

你住的小小的岛我正思念
那儿属於热带，属於青青的国度
浅沙上，老是栖息著五色的鱼群
小鸟跳响在枝上，如琴键的起落

那儿的山崖都爱凝望，披垂著长藤如发
那儿的草地都善等待，铺缀著野花如过果盘
那儿浴你的阳光是蓝的，海风是绿的
则你的健康是郁郁的，爱情是徐徐的

云的幽默与隐隐的雷笑
林丛的舞乐与冷冷的流歌
你住的那小小的岛我难描绘
难绘那儿的午寐有轻轻的地震

如果，我去了，将带著我的笛杖
那时我是牧童而你是小羊
要不，我去了，我便化做萤火虫
以我的一生为你点盏灯

（胡靖铭推荐）

⑨同“道”组：课堂上根据需要临时组成讨论学习小组，前后桌或者同种观点意见的组成一组。“道”，既是道理、知识、学问、认知、规律，也是获得道理、知识、学问、认知、规律的方法和途径。在课堂讨论的时候，需要小组进行合作，小组合作的方式可以灵活一些，不必每次都是固定的小组。也可以根据大家对问题的看法组合成新的小组。比如，在讲《鸿门宴》这篇课文时，探究这次宴会上发挥作用最大的人是谁，可以把认为是项羽的归为一组，认为是刘邦的归为一组，如此组合成若干组，不设组长，大家分别说明自己的理由，再推荐一个同学代表发言。这种小组只存在于某节课上，是属于临时的小组。但因为有了这样的小组，使得小组合作的形式多样起来。

小组组合的方式除了以上三种，还有别的，比如前后桌四人组，比如前中后三部分组，比如自然小组。分组的目的不是要有组，而是尽可能地让每个学生都能参与到学习中去，能够通过小组激发学生学习的动力和兴趣，能够更好地帮助学生掌握语文的必备知识和提升关键能力，提升语文学科的核心素养。但是，小组分了之后，评价小组的工作也是必不可少的环节，否则，小组合作中出现的问题没办法解决，小组合作的积极性也没办法保证。我的做法就是每两个月总结一次，采用述职和投票相结合的方法。提前说清楚什么时候总结，让各小组长准备好。述职的时候，先由科代表述职，然后是各小组长（包括同“志”组组长和同“技”组组长）分别述职，述职的内容就是本组做了哪些事，做得如何。最后是大家投票，我再统计出票数，根据得票情况进行奖励。奖励的既有小组，也有表现突出的组员。这样，才能让做得好的组更有干劲，稍微落后的组进行反省。

（二）多元的奖励机制

再好的策略和活动，如果没有奖励机制，也不会有发展力。我实施课程教学，开展多种形式的小组合作，也考虑到学生的持续性，为此建立了能够让学生体会到成就感的多元的奖励机制，体现在如下三个方面：学习状态看得见、学习方法可借鉴、学习效果有改变。

1. 学习状态看得见

每个孩子都希望自己的认真和努力能够被老师和同学看到，被家长看到。不管是成绩好的，还是成绩不太好的，他们都需要周围的人的肯定和鼓励。老师的肯定和鼓励特别重要。我一般会采取三种做法：及时反馈，奖品刺激，公开发表。

（1）及时反馈是很多老师喜欢用的做法，每天改完作业后，把做得好的名字登记下来，第二天上课前在班上进行表扬；或者让科代表把名字写在黑板上，让所有的同学都看到。如果每一个学科老师都这样，每天都这样，久而久之，这种表扬可能对学生的刺激不是太大，名字没有被念或者上黑板的也习惯了，并不想有什么改变。我的及时反馈是充分利用孩子竞争、自尊的心理，通过三种方式来进行刺激。第一种是“送你一朵小红花”。别看小红花很幼稚，似乎是幼儿园和小学里常用的奖励道具，但其实每个人的内心都有一颗童心，即使是我这将近五十岁的老教师，我也喜欢别人奖励我小红花。我的小红花是在网上订制的，有不同的颜色，可以用颜色来区别等级；与小红花配套的是印有“真棒”字样的大拇指，与小红花大小差不多。在批改作业的时候，遇上写得很认真的，又做得很好的，我就在作业处贴上大拇指，再在作业本的封面贴上小红花。小红花有五种颜色，一开始我并没有区分，随意贴，后来发现有学生把我随意贴的小红花重新拼成图案，有的还在封面贴小红花的位置用铅笔写上颜色，我就感觉学生已经把积攒各色小红花当成一个目标和乐趣了。当然单有小红花是不够的，还需要让学生得到一些实际的好处。这就是第二种“积分榜”。我规定每得到一朵小红花就获得积分1分，让负责登记的科代表进行统计，每周公布一次积分榜，发放积分卡，积分卡也是在网上买的，有四种规格，1分卡、2分卡、5分卡、20分卡，每一种积分卡颜色不同，图标不同，文字也不同，从“做得很好”到“你很棒”再到“了不起”，评价逐级提高，学生拿到不同的积分卡的心理满意值也就不一样。第三种是展示台。利用多媒体平台class dojo，对学生的作业和活动表现进行评价，平台上会自动生成每个学生的独属卡通图标，并且显示每一次评价，放给学生看的时候，他们会觉得很新奇，也会在意图标上面标示作业优秀次数的数字。

（2）奖品刺激。无论哪个年龄段的人，对于奖品都是不会拒绝的，也是充满期待的。高中生虽然接近青年，但本质上还是孩子，更喜欢和希望获得奖品。我在准备奖品上煞费苦心，苦思冥想。笔记本、笔等文具是最常见的奖品，从我读小学的时候就是这些，准备这样的奖品不用动脑筋，但如果都是这样的奖品，学生的积极性恐怕就不能持续。学生喜欢怎样的奖品呢？学习上，他们需要笔记本和笔，但这些他们早就准备好了，没有准备的有哪些呢？我看到有的学生的笔很特别，有的学生用的本子很别致，有的用很古典的便签，有的桌上放着计时器；我还看到有的女同学头上系着发带，有的是带有装饰的发圈，有的戴上了蝴蝶结，有的别上发卡，有的戴着手链；男同学桌上放着倒计时日历本、擦写板、小电扇，手上有腕带；我还注意到他们喜欢喝奶茶、吃比萨、啃“无忧”鸡腿……这些都是可以成为奖品的。于是我开始列出奖品清单，在网上成批购入，放进我专门准备的奖品盒中，每一样都标好积分，等着每两个月结算一次之后学生的兑换。其实可以作为小奖品的小玩意儿网上还挺多的，只要我们愿意去观察，了解学生所好，再愿意去搜索，自然就可以买到学生喜欢的奖品了。学生在这些各种各样的小玩意儿的诱惑下，就会想着多积攒积分了。

（3）公开发表。我读书的时候，最羡慕作文写得好的同学，每次作文课，总希望被老师当作范文朗读的是自己的文章。这样的心理一般的同学都有。做了老师之后，当我拿着某个同学的作文在班上念的时候，我也看到了别的同学羡慕的眼神，看到了被念作文的同学眼里的喜悦和满足。语文作业中关于写的作业占有很大的比重，有时候是整篇文章，有时候是片段，有时候可能是两句话，但都是学生的语言创作。每一次语言创作的作业也必然会有优秀的作品，教师把这些优秀作品展示出来，甚至推荐发表，不仅让班上的同学看到，还让全校师生、家长、社会上的人看到，对学生而言是莫大的荣耀，也是一种鼓励。我便充分利用手中资源，为学生提供展示机会。最快最直接的就是班级的报刊和每周的摘抄分享，摘抄所选文章被我选上的学生，名字也跟着文章出现在传阅的班刊上；对摘抄文章写下精彩点评的学生，也会出现在班刊上。其次是学校的校报。虽然只是在校园里发行，但范围超出了班级和年级，自己的文字被全校师生看到，自然是比被班上同学知道更让人自豪的事。而比学校范围更大的就是自媒体了。我自己有公众号，学生的作品会不定时地在公众号上推送。学生的家长看到了，很高兴，他们有的会转发，有的会留言，有的会跟孩子说，表示自己的喜悦，而孩子们得到了来自父母的肯定和鼓励，就更积极了。

2. 学习方法可借鉴

好的学习方法和学习习惯让人受益终身。但并不是每一种方法适合每一个人，也不是所有人在学习这种方法时一学就会。我在讲授学习方法的时候会采取四种方式：霸道总裁式、不厌其烦式、各个击破式、煽风点火式。霸道总裁式主要针对在态度上稍微有些犹豫、勉强的学生，跟他说“这一点，你必须听我的”；不厌其烦式就是对经常管不住自己的学生反复讲述；各个击破式就是告诉学生“你跟别人不同，这种方法只适合你”，让他觉得自己特别；煽风点火式就是跟他说“不服气？你试试看”。这样做还是有一些效果的。但是老师掌握的学习方法是有限的，而且也可能并不对所有人适用。学生更容易接受自己身边的同龄人的做法。每一个学生在学习上都会有自己的方法和习惯，有的方法只适合自己，有的方法适用于所有人；有的习惯很好，可以形成很好的学习品质和能力。当一个学生在学习上用的方法被人关注，并且被同学模仿学习的时候，他的内心是充满了成就感和自豪感的。所以，在对学生的学习进行评价的时候，我会在他的学习方法和学习习惯上做些文章。

最有效果的做法就是展示。有的做法是直接体现在作业本上。我就拍照，发朋友圈，发家长群，发班级群，放在PPT中，多方面宣传，反复表扬。一个学生的某种好的做法很快就被其他同学学习，下次我展示的就更多了。当全班大部分同学都借鉴了自己的做法的时候，这个最先创新出好的做法的学生是很满足的。

常见的做法还有推荐和自我推荐。我们每两个月进行一次语文学习的总结，由科代表和各小组长对各自工作进行述职。述职过程中就有对好的学习方法的介绍，有时候是推荐别的同学，有的时候是自我推荐。

3. 学习效果有改变

奖励是贯穿着语文学习的整个过程的，而奖励的方式也是多元的。不同的奖励方式针对不同的学生效果不一样。能够拿到积分的，往往是学习习惯好、学习方法对、学习态度好的学生；能够被借鉴的，也多是基础好、成绩好的学生。一个班级，总有几个在语文学习上比较困难的学生。他们可能一个学期都拿不到一个积分，或者拿到很少的积分。学习的积极性可能还会因此而变低。对于这些孩子，我也不会放过奖励的机会。

首先是送你一朵小红花。一般情况之下，只有作业符合优秀的标准，我才会在作业本上贴上小红花。但是对于学困生，只要他的某次作业相比较以前有很大的进步，我也会给他一朵小红花，让他知道老师看到了他的努力，看到了他的改变。

其次是给你一份小权力。经过观察，老师看到了这些学习有点吃力的学生在某个方面上有较好的表现，就直接交付一份权力给他，让他专门负责某项工作。比如，某学生很细致耐心，就把检查默写的工作交给他，让他全权负责，什么时候默写，默写什么，默写不对的如何处罚等都由他说了算。他因为这份工作做好了，获得了同学们的肯定，在学习上也就有信心了。

再次是让你的名字被看见。和上面的展示一样，想方设法地找机会让学困生的努力被大家看到，让他因为得到了老师的表扬、同学们的肯定而对语文学习产生兴趣，有了动力。

最后是特别的礼物给特别的你。学习困难的学生可能是因为基础不扎实，也可能是智力稍微弱一点儿，还有可能是学习的习惯不好，没有学习的动力。基础不好，就让他在基础上多下功夫；习惯不好，经常提醒他养成好习惯。道理大家都懂，真正能够做到的并不多。我认为对于学生而言，来自老师的特殊对待会让他产生学习的动力。于是，我专门为他准备训练基础的练习，约好交付作业的时间，让他感受到这一份特殊的对待。

当学生学习的效果被老师、被同学、被家长看到的时候，他便能体会到学习的成就感。这既是一种激励的方法，同时也是对这些孩子的特别奖励。

第五章

生活语文教学设计和实录

一、大单元教学设计

◉ 单元主题

乘风破浪的青春

◉ 适用年级

高一

◉ 备课人

江海燕

◉ 所需时间

9 课时（第 1、2、3 周）

◉ 单元内容及学情分析

1. 统编版新教材的单元内容编写改变了过去以文体进行组合的方式，代之以人文主题进行组合。单元的容量更大。在教学要求上也有了变化。以单元学习为重点，注重单元篇目之间的内容关联，教师需要根据单元提示和单元任务设计活动，让学生在活动中完成学习目标。新教材紧扣新课标，强调真实的语言运用情境，要求培养学生在真实的语言运用情境中感受语言、体会语言、鉴赏语言和运用语言。本单元属于文学阅读与写作（一），课标要求：应以学生自主阅读、讨论、写作、交流为主；应结合作品的学习和写作实践，由学生自主探究，使所学的文学知识结构化。阅读文学作品，学生能够在感受形象、品味语言、体验情感的过程中提升文学欣赏能力；尝试创作，能够引导学生以更敏锐的感受捕捉生活中的真善美，不断提升用富有创意的语言表达自己真情实感的能力。

2. 本单元的五首诗歌和两篇小说创作于不同的历史时期，都是对青春的吟唱。作者或感时忧国、抒发情怀，或感悟人生、思考未来，让我们体验到各具特色的文学表达、激扬澎湃的青春情怀。通过对这些作品的感悟和学习，同处青春年华的同学们在老师的引导下体会青春与时代的关系，思考青春的意义与价值，带着对自我的认识、对社会的思考和对理想的追求，迈出人生的重要一步。

3．学生经过初中阶段的学习，对诗歌和小说的一般阅读能力及鉴赏能力都得到初步培养。学生能够初步感知诗歌的抒情色彩，但是对诗歌中的“意象”和诗歌语言的锤炼等缺乏深入的了解，欣赏诗歌的能力有待进一步提升。学生能够基本把握小说的三要素，但对小说中的典型细节的描写、对人物形象塑造的作用感悟还不深。在写作方面，多数学生没有尝试过诗歌写作，诗歌的写作经验不足。

◉ 单元学习目标

1. 从“青春的价值”角度欣赏本单元作品，感受作者对青春的吟唱，以及他们感时忧国、感悟人生、思考未来的担当精神和对理想生活的追求。结合自己的体验，敞开心扉，激发青春的热情，思考当代青年的价值和担当，追寻理想，拥抱未来。

2. 理解诗词运用意象抒发思想感情的手法，把握小说叙事和抒情的特点，体会文学作品的独特魅力。

3. 感受文学作品意蕴的丰富性和语言表达的特殊方式，学习从语言、形象、情感等不同角度欣赏作品，获得审美体验，提升审美能力。

4. 背诵《沁园春·长沙》，学会有感情地朗诵诗文。

5. 借鉴本单元在意象选择、语言锤炼等方面的手法，尝试诗歌写作，抒发真实情怀，抒写青春岁月，增强语言表现力。

◉ 单元核心任务

本单元核心任务为“乘风破浪的青春”展演，将单元教学流程设计为“初相遇：青春他模样”—“再相见：青春真性情”—“邀相会：青春我最美”三个主体部分，以青春为主题，以活动为载体，构建自主学习和合作探究的开放课堂，践行生活语文的教学理念，为学生打开一扇表达真情的门。

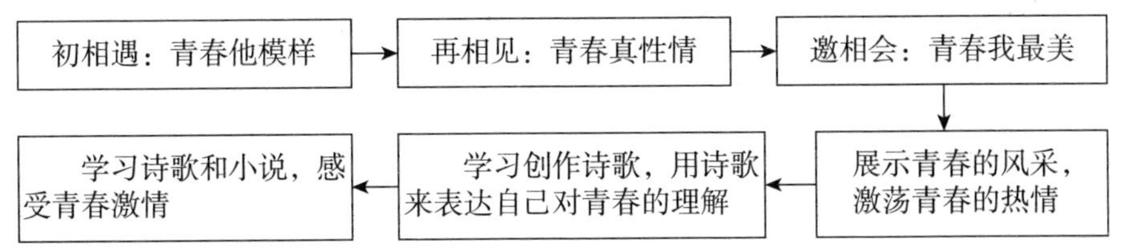

具体分为以下三个任务：

任务一：青春的他有怎样的模样？阅读诗歌和小说，感受意象和语言，体会诗人情怀，体会青春与时代的关系，思考青春意义，提炼出青春的内涵，描绘青春的模样。

任务二：青春是什么，青春里有什么？学习创作一首诗，抒发自己对青春的感悟。

任务三：你想要怎样的青春？以朗诵原创诗歌或者名人诗歌的方式、以基于课文内容的舞台剧表演的方式来展示青春风采，表达青春激情和理想信念。

◉ 单元教学过程

第一部分　初相遇：青春他模样

1. 阅读诗歌，鉴赏意象和语言，体会诗人情怀，感知诗人青春形象。

2. 阅读小说，把握叙事与抒情的特点，鉴赏意象与语言，感知人物青春形象。

3. 理解青春意义，体会青春价值，把握青春内涵，描绘青春模样。

◉ 专题概述

围绕主问题“青春的他有怎样的模样”，以任务驱动的方式让学生通过自主学习、小组合作，分析诗歌“意象”和“诗歌语言”，揣摩作品的意蕴和情感，感受诗歌的魅力，感受不同年代、不同国家，不同诗人对青春独特的认识，思考青春的意义和价值。通过情节梳理和意象分析，概括出青春形象，分析形象意义。

◉ 教学材料和资源

常规资源

新版必修上教材中的五首诗歌 +PPT 课件投影

补充资源

《中国古典诗歌的意象》（袁行霈）、《从浪漫诗到现代诗》（袁可嘉），毛泽东诗词补充资料如《沁园春·雪》《西江月·井冈山》《忆秦娥·娄山关》《清平乐·六盘山》《水调歌头·游泳》《采桑子·重阳》，现代诗歌补充资料、网络资源

◉ 学习活动设计

第一课时：单元导学

导语：

青春被誉为“人生之春，人生之华也”。从“青春几何时，黄鸟鸣不歇”“万金买高爵，何处买青春”到“青春是希望的同胞兄弟”“青春是生命涌泉的清澈”，无数诗人赞美过它；从《致我们终将逝去的青春》《芳华》到《无问西东》《最好的我们》，无数光影聚焦过它。青春之重要毋庸置疑，青春之迷茫也无可避免。青春弥足珍贵却又短暂易逝，对于你们来说，青春逢盛世，意义更非凡，那么青春何为？该如何驾驭自己的青春之舟？高一年级准备在这个学期举行一场主题为“乘风破浪的青春”的演出，在演出之前我们要做一些准备的工作。老师将带着你们以这个准备工作作为高中语文学习的序章，走进五彩斑斓又妙趣无穷的语文世界，一起享受语文学习的美好时光。

一、明确本节课学习目标

1. 了解单元内容

2. 了解本单元需要掌握的知识和能力

3. 了解学习方式

4. 明确学习任务

二、了解单元内容

本单元有三课，包含一首词、四首诗、两篇小说。

三、了解本单元需要掌握的知识和能力

1. 熟记生字词

2. 熟记有关文学常识和文化常识

3. 理解意象的含义并能够解析意象和运用意象

4. 初步掌握借助意象和语言赏析诗歌的方法

5. 能够概括出诗歌的形象特征

6. 把握每首诗歌的情感主旨

7. 把握小说叙事和抒情的特点

8. 能够梳理概括出情节

9. 熟悉两篇小说中人物形象特征和形象意义

10. 把握小说的主旨

11. 把握青春的内涵，对青春有清晰的认知

12. 能够借助意象进行创作

四、了解学习方式

1. 自主学习

2. 小组合作

3. 交流展示

4. 自我评价

五、明确学习任务

第一个任务：青春的他有怎样的模样？

六、学习过程

1. 初印象：他是谁？

自主学习，完成以下任务：

（1）读准字音，读好节奏

（2）完成下面的表格

篇目	作者	写作时代	时代背景	个人经历	你的初印象
《沁园春·长沙》					
《立在地球边上放号》					
《红烛》					
《峨日朵雪峰之侧》					
《致云雀》					
《百合花》					
《哦，香雪》					

第二课时：青春初形象

2. 初表白：我更喜欢他 / 她

根据初印象确定自己喜欢的诗人或作者，用声音传递出你的喜欢。

《吕氏春秋》曾言“凡音者，产乎人心者也，感于心则荡乎音，音成于

外而化乎内”，看似个性化的朗诵离不开对诗歌情感基调的把握。情感基调明确，而吟诵之技巧也有共性处。请根据示例，制作朗诵脚本，真情朗诵。

1. 学习朗诵符号的具体作用。

/　短暂停顿。

//　较长时间的停顿，换气。

字（字下加点）　表示重音，读的时候饱满有力。

字（字下加波浪线）　表示轻声，读的时候声音放慢、放低。

<　渐强读的时候声音逐渐增大、增强。

>　渐弱读的时候声音逐渐变小、减弱。

⌒　连音，读的时候要连贯而迅速。

↗　上扬音，表示由低平转为高昂。

↘　下沉音，表示由高昂转为低平。

附：《沁园春·长沙》上阕朗诵提示

独立/寒秋，湘江/北去，橘子洲/头。

看/万山/红遍↗，层林/尽染-；↘。

漫江/碧透，百舸/争流；↗

鹰击/长空，鱼翔/浅底，

万类/霜天/竞-自-由。↗

怅/寥廓，问/苍茫大地↗，谁-主/沉浮？↘

符号内涵：“/”短暂停顿，“·”重音，“-”拉长，“↗”上扬音，“↘”下沉音。

起调庄重平稳，慢，“橘子洲头”稍拉长

中速，“看”拉长

“漫江碧透，百舸争流”语调渐升，语速渐快

“翔”读出轻快自由

“竞自由”高亢有力

这三句，慢-快-慢，“谁主沉浮”要读的稍微长些

学生先自己尝试朗诵，然后与前后同学组成四人小组进行朗诵交流，再推荐班上分享。（制订朗诵自我评价表）

第三课时：走进心灵

3. 初交流：我想走进你的心灵

本环节主要通过对意象和语言的赏析把握诗歌的情感，通过对小说情节的梳理和意象的分析把握人物形象。选择同一个人物的同学组合成一个小组，开始进行探究。

探究任务如下：

（1）诗人/人物的心境如何?

（2）诗人/作者是怎么体现这种心境的?提示：用到了哪些意象和语言?

全班一起完成下面的表格：

篇目	人物	意象	语言	心境
《沁园春·长沙》				
《立在地球边上放号》				
《红烛》				
《峨日朵雪峰之侧》				
《致云雀》				
《百合花》				
《哦，香雪》				

老师先进行示范探究，以《沁园春·长沙》为例。

（3）描绘青春模样

根据文本为其配一幅人物画，用几句话描述画中的人物特征，并附上绘制意图。提示：人物特征可包括年龄气质、神态外貌、行为动作等。

①教师分享《沁园春·长沙》示例，供学生参考：

个体画：一位英姿勃勃的年轻革命家，微蹙眉头，背着双手，在小岛上卓然独立，远眺湘江波涛。

群像画：十七八岁的少年同学三五成群，几位伫立江畔谈天，或手势飞扬，或击节赞叹。几位在江中泅水，或俯首奋力前游，或仰头开怀大笑。

绘制意图：展现一代以天下为己任，蔑视反动派、改造旧世界，以及在新时代的大潮中，乘风破浪，激流勇进，担负起主宰国家命运前途的立誓振兴中华的革命青年形象。

②学生分享作品。同学之间相互点评，共同优化创作意图与画面内容的表述。言之有理即可。下例供参考：

《立在地球边上放号》

个体画：一个二三十岁的青年巨人，浓眉大眼，有着异于常人的魁梧身形，迈开双脚立于地球边上，仰首吹奏着号角。

创作意图：展现一位代表激情与力量的新青年，激情澎湃地吹响着摧毁一切旧思想、旧文化、旧事物的号角，吹响着催生一切新思想、新文化、新事物的号角。

《红烛》

个体画：一位瘦削而挺拔的青年，眉头紧蹙，眼含深思，抿着嘴角，向前方张开怀抱，

创作意图：抒情主人公热爱祖国，热爱人民，毫不顾惜个人的得失荣辱，有着极其伟大崇高的献身精神，想象是通过红烛的意象展现出来的。

第四—七课时

小组按照课本编排顺序展示探究成果。老师补充讲解意象的内涵与作用，诗歌鉴赏中如何借助意象和语言把握诗歌形象特征、诗人情感、诗歌主旨的方法，小说情节概括的一般思路。最后总结出青春的时代意义，青春的价值，得出青春的立体图像。

第四课时：《沁园春·长沙》重点在于意象的解释、意象的作用、意境的概括和情感的理解。

第五课时：《立在地球边上放号》《红烛》两首诗可以进行比较。

第六课时：《峨日朵雪峰之侧》《致云雀》体会意象的内涵。

第七课时：《百合花》《哦，香雪》梳理情节，体会意象的作用。

布置探究作业（任选一题）：

1. 毛泽东同志的诗词大多数大气磅礴，充满革命豪情。课外选择毛泽东同志的一首诗，从意象或者语言入手，赏析诗歌的情感和诗人气质，不少于400字。

2.《立在地球边上放号》情感热烈奔放，《红烛》稍微隐晦含蓄，如果把两首诗的创作风格换一下，你觉得会有怎样的效果？请以含蓄的手法改写《立在地球边上放号》或者以直接抒情的手法改写《红烛》。

3. 因为文化习惯不同，我们在读到外国诗人的诗时，可能感受不到语言的美感。又因为不同的翻译，可能导致我们的理解也不一样。请比较《致云雀》第一段的三种翻译，选出你觉得翻译得最好的一个版本，并说明理由。

To a Skylark

Hail to thee, blithe Spirit!
Bird thou never wert,
That from Heaven, or near it,
Pourest thy full heart
In profuse strains of unpremeditated art.

你好啊，欢乐的精灵！
你似乎从不是飞禽，
从天堂或天堂的邻近，
以酣畅淋漓的乐音，
不事雕琢的艺术，倾吐你的衷心。

——江枫译

向你致敬，欢乐精灵！
凡鸟怎能相比——
从那高天，从那远处，
声声吐放衷曲，
泉流似的溢着天籁般的妙艺。

——高健译

你好，欢乐的精灵！
你绝不是一只鸟，
你从天庭或天门
倾吐你的怀抱，
倾吐出无穷无尽不假雕琢的曲调。

——飞白译

4.《百合花》和《哦，香雪》里哪个人物更打动你，为什么？请结合你对青春的理解写一篇人物简评表达你对青春的理解。不少于400字。

5. 你觉得现在这个时代的青春应该是怎样的模样？请用语言进行描述，也可以举例说明。不少于400字。

6. 请任选本单元所学诗歌改编成小说，或者任选本单元中的小说改编成诗歌。

第二部分　再相见：青春真性情

抒写对青春的感悟，树立理想信念，为青春做出自己的注脚。

◉ 任务概述

在学习教材提供的五首诗歌的基础上，进行现代诗的拓展阅读，以及名家关于如何进行诗歌创作的指导，指导学生简单梳理诗歌创作技巧，尝试借助意象创作诗歌，表达自己的青春感悟。

◉ 教学材料和资源

常规资源

教材五首诗、学写诗歌

补充资源

现代诗歌补充资料、《每个人都可以成为一个诗人》

◉ 学习活动设计

第八、九课时新诗写作教学

一、教学目标

1. 通过剥洋葱方式掌握诗歌的创作层次，进而又通过对不同创作层次的训练，从情感、意象、语言、音乐（韵律）等角度，学习创作新诗（重点）。

2. 在学习创作新诗的过程中，对本单元《沁园春·长沙》《红烛》等诗歌进行简单回顾与复习，加深学生的学习印象。

3. 课堂上让学生创造新诗，通过老师和同学的点评与交流，让学生发挥想象写一首诗歌，抒写你的青春岁月，给未来留下宝贵记忆（难点）。

4. 学生最终对新诗修改好后，在电脑上输入、排版，发送给老师，最终汇集一本诗集打印好作为纪念的手册。

二、学情

1. 很多中学生对新诗有着一定的兴趣，但对新诗又缺少必要的了解，对新诗只能“爱”而远之。中学生对新诗的困惑主要有两点：一是读不懂，读不出诗句的言外之意和深层含义；二是不会写，写出来的就像分行的散文，没有余味。

2. 实际教学中，我们必须要询问为什么要求学生创作新诗？写作新诗，其目的主要不是让中学生像酸文人那样叽叽歪歪地说一番自以为精致俏皮的套话，不是让学生能够巧妙地诌一通押韵分行的文字，而是希望学生借助诗歌表达方式，深化自己对人生、对生命的体验，并能够有创意地传达这样的体验。而在本单元中，则是让学生抒发自己对青春的体验。

三、教学程序

（一）导入和课程任务布置

1.《死亡诗社》中说过：我们读诗写诗，非为它的灵巧。我们读诗写诗，因为我们是人类的一员。而人类充满了热情。医药、法律、商业、工程，这些都是高贵的理想，并且是维生的必需条件。但是诗、美、浪漫、爱，这些才是我们生存的原因。那么我们今天就开始创作现代诗歌。

2. 请大家回顾一下，一首好诗具备哪些特点？如果我们为不同的诗歌打分，我们又可以怎样评价？

自由评价，一首好诗，好在……

诗歌之美，美在意象耐人寻味；节奏富于变化；押韵美化语言；句式回环往复，修辞点亮诗歌，色彩点染诗意……

3. 课程任务：翻开书本，我们今天的任务是写一首有关个人青春的诗歌，抒写你的青春岁月，给未来留下宝贵记忆。而该诗歌创作后大家周末回家，录入为电子版，然后在电子版上配上你的照片、名字及相关图画，发送到邮箱。我们最终打印出来作为我们刚进入高中时给自己的一份回忆和礼物。

（二）洋葱教学，学习诗歌的基本框架

1. 设置任务：如果我们将洋葱一层层剥下去，最后会发现洋葱内部有一个核。这个内核，就相当于诗歌所要表达的意蕴和情感。阅读诗歌，需要顺着这个层次逐渐达到诗歌的内核。写作诗歌，也需要把诗意一层一层写出来，最后，也需要围绕一个情感的核心。为了便于大家了解新诗特点，我们一起像剥“洋葱”一样来剥一首新诗的结构层次。请看诗人雷抒雁的短诗《雨》：

五月的雨滴 / 像熟透了的葡萄， / 一颗、一颗 / 落进大地的怀里！ / 这是酿造的季节呵！ / 到处是蜜的气息。/ 到处是酒的气息。

这首诗就像一个简化版的袖珍洋葱，有三个层次。大家讨论一下，看看每一层究竟写了些什么，然后在如下图形中的空格处填写层次说明文字。

2. 回答：学生讨论，最后达成如下共识：

（1）诗歌最外层叙事事件：叙述了一个极为普通的事件——雨水落地。

（2）诗歌的中间层：象征修饰：诗人描绘了这一事件，用“熟透的葡萄”和“怀抱”来修饰“雨水落地”这一常见景象，从而使这一事件变得具体、生动。

（3）诗歌的深层内核：抒情与感受：诗人由“葡萄”进一步联想到“酿酒”，于是诗歌升华到抒情和感受的层面，开始咏叹五月这个充满甜蜜和醇美的季节。

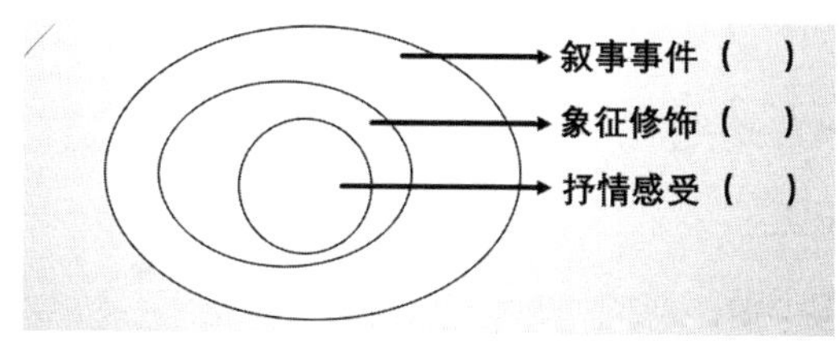

一旦对诗歌的层次结构有了清晰的把握，我们就可以搭设一首诗的基本框架了。

（三）感悟诗歌核心，发现生活，拥有诗意的心

1. 提问：在诗歌三层框架结构中，哪一层最重要？

回答：最内层，抒发自我情感与感受。

老师复习提问：带领学生复习《沁园春·长沙》《红烛》《立在地球边上放号》的情感是什么？

2. 老师补充解释：自我抒发情感与感受关键是发现生活，拥有诗意的心。

例如，诗人顾城看见山路边一朵花开了：在山石组成的路上，浮起一片小花，它们用金黄的微笑来回报石块的冷遇（《小花的信念》）。

例如，诗人李启明毕业时看到路旁小花：路旁的一朵小兰花，见证了我们友谊的萌芽，最后的最后凋落成泥被岁月幻化。

重点是对生活语言有热情才能有表达的欲望。

（四）青春诗歌创作第一步：构建外层叙述框架

1. 老师阐述：先构建一个外层“叙述框架”。这个框架类似于诗歌的“轮廓”，通常是对所确定的关键词做特别的陈述，往往与人们日常的人生经验有差异。

我们今天任务诗歌任务是青春，那么请写出：青春是什么呢？或者你想到青春时联想到什么事情了？

2. 提问学生，并互相交流

总结：凡动心者，皆可入诗。诗，是想象世界的情感倾泻。回忆细节信息时可从以下角度入手：声、形、色、味、觉。

举例：池塘边的榕树上

知了在声声叫着夏天
操场边的秋千上
只有蝴蝶停在上面
黑板上老师的粉笔
还在拼命叽叽喳喳写个不停
等待着下课　等待着放学
等待游戏的童年

（五）提供诗意触发工具——提供写诗的方法

1. 老师解释：有了诗歌外层的叙述框架后，我们就可以通过一些诗歌创作技巧，来进入诗歌创作中间层，通过象征修饰的方式，让我们的叙述变得更具体和生动。

韩子苍（宋）："作诗不可太熟，亦须令生。"诗歌的语言就是对日常语言的偏离和陌生化。诗人创作时往往有意调用一些写作技巧，来使诗歌的语言偏离日常习惯，达到陌生化的效果。

2. 六种写诗的修饰方法

（1）寻找意象

抽象的情感形象化，产生意象。

例如，思想感情要和具体形象相融合，形成意象。复习《红烛》的意象、《致云雀》的意象是什么？

例如，意象的组合，顾城的《弧线》："鸟儿在疾风中 / 迅速转向 // 少年去捡拾 / 一枚分币 // 葡萄藤因幻想 / 而延伸的触丝 // 海浪因退缩 / 而耸起的背脊。"诗人的诗情是跳跃的，"鸟儿""少年""葡萄藤"与"海浪"彼此并不搭界，它们的情态从四个侧面反映了"弧线"带给人的审美思考。

（2）雕琢动词　把握技巧—走近新诗—例谈新诗的写作方法—贾建亚

因为动态的意象较之静态的意象更能凝聚读者的审美注意，一个恰切的动词会让诗歌意象变得灵动鲜活，从而使整首诗歌的艺术水准跃升到更高层次。

例如，陈敬容的《哲人与猫》："雨锁住了黄昏的窗，让白日静静凋残吧。""锁"这个动词形象地点化了大雨的滂沱给人的心灵造成的阴影，白日因这雨的紧"锁"而静静凋残。

例如，列车割破大地　在它红色的伤口上飞驶　我的心落后于伤心　列车与它背道而驰《于坚诗选》

（3）学会错接的修辞　诗心—诗道—诗技—中学生新诗写作指导摭谈—刘正旭

错接，指的是新诗创作当中打破词语衔接的惯常结构，重新组合一种新的词语衔接模式。在新诗中，诗人常常故意把适用于甲事物的词移用于乙事物，一些名词、动词和形容词的词性也会被临时改变。

例如，花朵枯萎了，雪花融化了。两句话相互错接，变成了：花朵融化了，雪花枯萎了。

例如，江河的《让我们一起奔腾吧》中的“让我们和更多的人一块儿走吧 / 祖先在风中诉说着青葱的愿望”一句，“青葱”本是用来形容植物浓绿的词语，而“愿望”常用“美好”等词语来形容，诗人用“青葱”来形容“愿望”，就给人一种清新的感觉。

例如，月亮有毒，你举目望明月的时候，你已经中毒了，你最好的办法就是忘记月亮，特别要忘记唐朝的月亮《黑岩月亮有毒》

月亮和毒错接，包含了诗歌传统的月亮的悲凉内涵。

（4）语序倒装把握技巧—走近新诗—例谈新诗的写作方法—贾建亚

倒装是为了加强语势、协调音节或错综句法，是故意颠倒词句次序的一种修辞方式。变化后的句子会显得异常新奇、突出，往往能增强语势，构成豪迈的笔力，引起人们的特别注意。

例如，郑愁予《错误》中的两句“你的心恰若青石的街道向晚”“你的心是小小的窗扉紧掩”，按照通常语序应为“你的心是小小的紧掩的窗扉”“你的心恰若向晚的青石街道”。

通过倒装，显得别出心裁，与众不同。“向晚”放在句子的末尾，仿佛让人看到黑暗慢慢浸染了天地，可是盼望的人儿却没有踪影。我的心好像也顺着青石的街道在暮色中痛苦地延伸下去。“紧掩”倒装更突出了那女子的心有多么封闭。

（5）选择远比（重要）

A. 所谓“近比”，是指构成比喻的本体和喻体之间相似关系极为明显，读者读后可以马上接受，如顾城的《生命幻想曲》中的诗句“让阳光的瀑布 / 洗黑我的皮肤”，把“阳光”比作“瀑布”，是很容易理解和接受的。

B. 所谓“远比”，是指本体和喻体之间相似性不明显，二者跨度很大，读者粗看起来一时难以接受，这种比喻陌生化效果强烈，给读者带来的审美刺激也更大。例如，舒婷的《致橡树》："我有我红硕的花朵，像沉重的叹息。""红硕的花朵"与"沉重的叹息"之间的差别很大，显然属于"远比"。

C. 练习：请仿照下面的比喻形式，另写一组句子。要求选择新的本体和喻体，意思完整。（不要求与原句字数相同）

海是水的一部字典：
浪花是部首，
涛声是音序，
鱼虾、海鸥是海的文字。

学生交上来的答案丰富多彩，举例挑选出来的本班同学的仿写：

大树是人类的历史：树干是过往，树叶是现今，种子是将来。

森林是动物的家园；草地是毛卷，树木是家具，飞禽走兽是家的一员。

原野是大地的华章：巧陌是乐谱，庄稼是谱号，庄稼地里的昆虫是田间的音符。

这些仿写题固然考查的重点是句式和修辞，似乎离真正的诗歌创作还有一定的距离，但我们从学生的答案里也看到了丰富的想象力和对生活敏锐的观察力。

（6）注重排列与韵律

A. 韵律——诗歌需要注重韵脚押韵。

B. 排列：老师举出《红烛》作为例子，解释诗歌行列与感情的关系。

C. 闻一多曾说，"新诗采用了西文诗分行写的办法，的确是很有关系的一件事。姑且无论开端的人是有意还是无心的，我们都应该感谢他。因为这一来，我们才觉悟了诗的实力不独包括音乐的美（音节），绘画的美（辞藻），并且还有建筑的美（节的匀称和句的均齐）。这一来，诗的实力上又添了一支生力军"。可见，诗的分行排列，是中国诗歌发展中的一大进步。

D.建行的目的，就是突出某些词语的地位，集中读者的注意力，充分发挥它的价值。他须盯着每一个语言符号，把它仔细吟咏和再三玩味。

E.形式排列也可以有一种美的展示——

例如，阿红的《我倾听》：

我倾听　倾听日月星子
倾听风云雷雨
　　（它们悄悄向我说着什么）
我倾听　倾听山海河谷
倾听鸟兽花木
　　（它们悄悄向我说着什么）
我倾听　倾听泪笑的历史历史的泪笑
倾听晴雨的窗外窗外的晴雨

这首诗的思维空间是极为阔大的，从日月星辰到山河湖海，从风云雷电到鸟兽花木，从历史到现实，这种思维的腾越与编织，都借助变幻多端的诗歌建行，清晰疏朗、错综有致地表达出来了。

（六）学生开始围绕青春话题写诗、写作时间不等，老师巡堂观看，拿出相关诗歌点评交流，也可以让学生互相交流，进行完善。

（七）老师布置任务：而该诗歌创作后大家周末回家，录入为电子版，然后在电子版上配上学生的照片、名字和相关图画，发送到邮箱。我们最终打印出来作为我们刚进入高中给自己的一份回忆和礼物。

第三部分　邀相会：青春我最美

展示学生理解的青春，展示学生的青春风采。

◉ 任务概述

1.选择课本里的诗歌或者原创诗歌，配上音乐和画面，参加“乘风破浪的青春”最后展演。

2. 将课本里的诗歌或者小说改编成一个小场景，以舞台剧的方式呈现，参加“乘风破浪的青春”最后展演。

3. 邀请全校师生共抒青春情活动。

◉ **教学材料和资源**

常规资源

教材中的诗歌和小说

补充资源

个人收集的相关资料

二、小单元教学设计和单篇教学设计

千古唐韵，诗中风流

——统编教材必修上册第三单元第 8 课教学整体设计

（一）单元基本信息

学科	语文	实施年级	高一	设计者	江海燕
课程标准模块	语文必修上册第三单元第 8 课				
使用教材	统编版				
单元名称	生命的诗意				
单元课时	5				

（二）单元教学规划参考模板

1. 主题名称

唐代风流

2. 主题概述

（1）主题确定

本课属于第三单元“生命的诗意”的第二课。第三单元是一个诗歌单元，“生命的诗意”是这个单元的人文主题，本单元设置三课内容，包括：魏晋时期的曹操和陶渊明的两首诗歌——《短歌行》《归园田居》；唐朝的三首诗歌，分别是李白的《梦游天姥吟留别》、杜甫的《登高》和白居易的《琵琶行》；宋代的三首词，分别是苏轼的《念奴娇 · 赤壁怀古》、辛弃疾的《永遇乐 · 京口北固亭怀古》和李清照的《声声慢》。根据本单元的人文主题“生命的诗意”确定每课的人文主题分别为：魏晋风度、唐代风流、宋朝风韵。

（2）教材特点

李白的《梦游天姥吟留别》从题材上说是一首送别诗，也是游仙诗；从体裁上说是一首古体诗；杜甫的《登高》从题材上说是一首即景抒情诗，从体裁上说是一首七言律诗；白居易的《琵琶行》从题材上说是即事抒怀诗，从体裁上说是一首歌行体古体诗。三位诗人虽然不是同一时期，但都属于唐朝前期的诗人，而且是诗作数量多，艺术成就高的诗人，三人的诗歌风格不一样，各自体现了一种独特的唐诗风韵，共同构成了唐诗气象。而本单元所选三首诗歌，分别体现了诗人的诗歌特点，可以作为诗人的代表作，我们可以通过深入学习这三首诗歌，深入到诗人的内心世界，感知诗人的生命状态。

（3）在本单元中的地位

本课为本单元的第 2 课，前承魏晋诗，后接宋词。既是独立的唐诗整体，又是与前后一课构成整个诗歌单元、让学生体会生命的诗意的部分篇章。时代不同，体式不同，情感不同，生命状态不同，风格不同。第 7 课，重在展示两种不同的人生状态。第 8 课，重在表现各自的人生境遇和情感世界。第 9 课，重在体会豪放词和婉约词的不同审美追求。学习本课，既了解诗歌发展的历程，也体会唐诗的特点，还要因此感受唐代诗人的生命状态。

（4）《高中语文课程标准（2020 年修订版）》对本单元的要求

古代诗歌鉴赏属于学习任务群 5“文学阅读与写作”，新课标对这部分的教学目的这么表述：“本任务群旨在引导学生阅读古今中外诗歌、散文、小说、剧本等不同体裁的优秀文学作品，使学生在感受形象、品味语言、体验感情的过程中提升文学欣赏能力，并尝试文学写作，撰写文学评论，借以提高审美鉴赏能力和表达交流能力。”

在学习目标和内容上要求：感受作品中的艺术形象，理解欣赏作品的语言表达，把握作品的内涵，理解作者的创作意图；结合自己的生活经验和阅读写作经历，发挥想象，加深对作品的理解，力求有自己的发现；从语言、构思、形象、意蕴、情感等多个角度欣赏作品，获得审美体验，认识作品的美学价值，发现作者独特的艺术创作；了解诗歌、散文、小说、剧本写作的一般规律；捕捉创作灵感，用自己喜欢的文体样式和表达方式写作，与同学交流写作体会。

3. 主题学情分析

学生刚进入高中，对于诗歌鉴赏还停留在简单的字面意思的理解和比较浅层次的感情体会上，还不懂得如何去品析字词，分析意象，体会意境和深入体会情感。为此，我们在第一单元的教学中加入了诗歌鉴赏的部分知识的讲授：如何赏析诗歌语言中的“炼字”和意象的含义与作用。而在第二单元的两首古诗的学习中，我们又强化了学生对于炼字和意象相关知识的认识。所以在本单元诗歌学习之前，学生对于诗歌鉴赏就有了一定的储备。在这个基础上，我们把必备知识目标定为：进一步掌握通过意象把握意境、体会情感的鉴赏方法，掌握诗歌鉴赏语句的赏析方法。另外，根据本单元的单元说明和课后的作业提示，把学写文学评论作为这一单元的写作训练重点。

4. 开放性学习环境

本课有关的教学资源比较多，一是央视录制的《唐之韵》；二是各种朗读视频、吟诵视频和演唱视频；三是各种表现诗人风范的影视剧。我们给学生提供的学习环境也有足够的开放性。表现在：

（1）三首诗歌以一个主任务统领，让学生任选其中一人来开直播，讲述诗歌在他生命中的地位。

（2）每一首诗歌的学习都会以课堂讨论的方式和课后探究题的方式留给学生充分谈论和思考的空间。

（3）学生的思考呈现方式是开放的。既可以与组内班内同学分享，也可以公开表演。

5. 单元学习目标

根据本课三首诗歌的特点、本课所在单元整体目标、本课在本单元中的地位、新课程标准对诗歌鉴赏的要求，以及本课主题确定教学目标为两大方面：初步把握唐代诗歌的鉴赏方法，感受唐代诗人的精神境界。这两大方面对应语文学科的四大核心素养，可以具体细化为：

（1）语言建构与运用：能够品味三首诗歌的语言特色，感受诗歌语言的魅力，掌握通过赏析字词把握诗歌意境、体会诗人情感的方法，能够试着用古诗词形式来表现生活和表达情感。

（2）思维提升与发展：在诗歌的鉴赏上能够由浅及深，能够通过知人论世深刻理解诗歌的内涵和诗人的生命状态。

（3）审美鉴赏与创造：从语言、形象、意蕴、情感等方面欣赏诗歌，获得审美体验，认识到唐诗的美，认识到三位诗人的诗歌独特的美。

（4）文化传承与理解：感受唐诗的魅力，传承唐诗中的优秀传统文化，用唐诗的方式表现生活。

6. 教学过程

第一课时

一、学习目标

1. 了解歌行体相关的知识。

2. 熟读《梦游天姥吟留别》，感受诗歌的韵律美。

3. 初步感受诗歌的感情基调。

4. 积累重点词语，把握诗歌的基本内容。

（说明：把教学目标确定得如此详细，是想传递给学生这样一种理念：每节课的学习都是要有习得的，这些目标就是他上完本节课后应该掌握的知识点，这个知识点是具体的，而不是虚的。）

二、学习任务

你感受到了李白怎样的心情？

（说明：我们遵循由目标到任务再到活动、评价的过程，在目标统领下设计一个主任务，整节课围绕这个主任务设计活动。要感受李白的心情，就得去朗读诗歌，把握诗歌的情感基调和基本内容，这一个问题就把教学目标统领起来了。）

三、教学过程

1. 引入

由李白的影响引出李白。

2. 简要介绍本首诗写作背景。

3. 简要介绍歌行体的特点。（完成教学目标 1）

4. 诗歌学习。

（1）初读诗歌，读准字音，读好节奏。

活动一：朗读。首先自由读，再听老师范读。从读中，感受歌行体诗歌变韵的特点，体会情感的变化。

老师读完后就重点字词做出解释，提醒学生积累文言词汇。

（说明：这一环节是比较传统的做法，但是很有必要，老师通过自己的朗读感染学生，让学生初步感受到诗歌的音韵美和情感基调。完成教学目标 2。老师对字词的解释完成教学目标 4。）

（2）再读诗歌，把握感情基调。注意带有情感色彩的词语，把握基本的感情基调。通过朗读，把对感情的体会表现出来。

释题：从题目里，我们可以得到哪些信息？

①别的方式——吟

②吟的内容——梦

③梦的内容——游天姥山

活动二：自由朗读诗歌，找出标示诗歌脉络层次的句子和诗歌主旨的句子。你感受到了李白怎样的心情？

概括出：梦之因—梦之境—梦之醒—梦之悟

（说明：这一环节让学生自由朗读，找出关键句子概括诗歌的主题内容，完成教学目标 4。问题的设计呼应了开头的主任务。）

作业

1. 背诵全诗并能够默写。

2. 完成《创新设计》相关练习。

3. 梳理笔记。

（说明：作业的设计也是对应着教学目标。）

第二课时

一、学习目标

1. 把握诗歌意象特点。

2. 分析概括出诗歌描绘的画面。

3. 体会诗人的情感，感悟诗人的生命态度。

4. 由本诗语言特色理解李白浪漫主义诗风的表现。

（任务 1、2 属于知识点目标，是诗歌鉴赏的必备知识和关键能力，任务 3 和 4 是人文目标，也是核心素养中思维提升和文化传承方面的要求。）

二、主任务

李白做了一个怎样的梦？他为什么要以这个梦来告别他的朋友？

（说明：怎样的梦就需要对梦境进行描绘，需要借助意象来进行分析，这个问题指向教学任务 1 和教学任务 2；他为什么要以这个梦来告别他的朋友这个问题的回答指向对诗歌情感主旨的把握，由此体悟诗人的生命态度，指向教学任务 3 和 4。）

三、诗歌学习

（一）学习“梦之因”部分，概括意境特征：神秘、高峻、巍峨、气势雄伟。

（二）学习“梦之境”部分

活动一：请按照时间的推移和地点的变换概括出梦境中的画面（时间 + 地点）

1. 概括：月夜剡溪—白昼半壁—傍晚山中—夜晚仙府

2. 体会意境：

意境的赏析思路：

①景——寻意象　②境——组画面　③情——品情感

3. 示范：老师进行示范，先找意象，由意象分析意境，描绘画面，体会情感。

活动二：模仿示范描述。

（说明：这个环节由学生讨论再进行描述。）

4. 总结，得出结论：这是一个充满神奇色彩的五彩斑斓的梦境。

（这个活动的设计是为了让学生巩固之前所学有关意象和意境的知识，完成教学目标 1 和教学目标 2。）

（三）学习“梦之醒”部分

通过找关键词来体会诗人的心情，以此印证刚才的结论。

（四）学习“梦之悟”部分

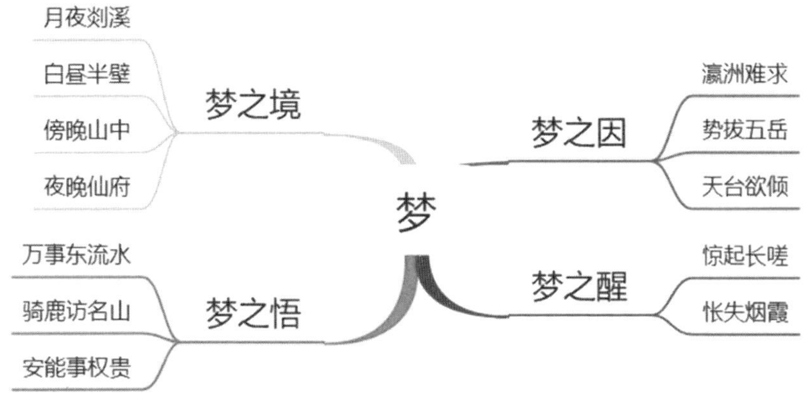

揣摩诗人的情感

（这个环节的设计是为了强化学生对诗歌情感概括的认识。学生喜欢笼统地概括出诗歌的情感，往往不够具体和全面，只有针对每部分内容，将对应的情感一一分析出来，才能避免零散又不全。）

（五）三读诗歌，体会情感，分析形象。

1. 概括诗人情感

对神奇雄峻的天姥山的向往。

对奇幻壮美的仙境的赞叹。

对美景容易破灭的怅惘。

对万事如水易逝的感叹。

对自由美好的生命的追求。

对现实的不满，对权贵的蔑视和傲岸不屈的反抗精神。

（说明：这是根据以上思维导图得出的结论，看起来很多，但这样做就是想让学生形成“情感从文本中来”的意识，尽可能多地分析出诗歌中的情感。）

2. 概括诗人形象

充满天真和浪漫的幻想。

追求美好和自由。

对人生有些消极的态度。

又能洒脱对待命运的不平。

坚守自己的独立人格，不屈服于权贵。

天真又浪漫，洒脱又傲岸的诗人形象。

（说明：诗人形象也是诗歌鉴赏的重点，学生在这点上也容易犯与情感分析一样的毛病，所以我会尽可能地让学生概括多一点儿。）

3. 诗人生命追求

人要有自己的理想。

要追求生命的自由与个性。

不屈服于权贵。

（这一点是扣住整个单元的人文主题而设计的。）

（六）回答主任务后半句

李白为什么要以这个梦来告别他的朋友？

引导学生分析出：慰友、明志、抒怀、呐喊、怒吼、挑战、宣言等。进一步体会李白的不屈与傲岸。

（七）四读诗歌，赏析写法，体会浪漫。

1. 从本诗看李白诗歌的浪漫主义风格。

2. 浪漫主义的艺术创作风格构成要素：丰富的想象、大胆的夸张、瑰丽的色彩、奇特的构思。

（这一点是梳理全诗的艺术风格，从而明确何为浪漫主义手法这一知识点。这一环节联系李白的其他诗作，体会丰富的想象、大胆的夸张、瑰丽的色彩和奇特的构思带来的浪漫主义诗风。）

四、拓展延伸

展示三个写李白的文段，让学生感受后人对李白的赞美和崇拜。

五、布置作业

1. 梳理本课知识点。

2. 完成《创新设计》相关练习。

3. 探究短文：学习了这首诗，你想对李白说些什么呢？请结合李白的诗歌写一段不少于200字的话。

（说明：作业的布置紧扣本课学习目标，是梳理知识，也是思维发展，还是文化传承。）

第三课时

一、导入

他的诗歌被同时代的元稹称为："尽得古今之体势，而兼人人之所独专矣。"被后代的秦观称："穷高妙之格，极豪逸之气，包冲淡之趣，兼俊洁之姿，备藻丽之态，而诸家之所不及焉。"郭沫若评价他："世上疮痍，诗中圣哲；民间疾苦，笔底波澜。"他的诗记录了一个朝代，被称为"诗史"；他的内心，装满人民的苦痛、山河的呜咽，所以他被称为"诗圣"。他，就是杜甫。

二、明确学习目标

1. 体会诗歌的韵律美和意境美。

2. 体会诗人的情感。

3. 分析概括出诗人形象，感受诗人的生命状态。

4. 体会杜甫诗歌沉郁顿挫的特点。

（说明：《登高》这首诗主要是通过对语言的品析来达到把握意境、体会情感的目的，所以把体会意境美放在教学目标的第一点，包含语言的赏析。而情感、形象和诗人的生命状态是本单元目标，落实到每一课每一首诗都是重点。而这首诗很能体现杜甫诗歌沉郁顿挫的特点，借助此诗可以深化学生对杜甫诗风的认识。）

三、诗歌学习

（一）主任务

"风急天高"一章五十六，如海底珊瑚，瘦劲难明，深沉莫测，而力量万钧。通首章法，句法，字法，前无昔人，后无来学。微说说者，是杜诗，非唐诗耳。然此诗自当为古今七律第一，不必为唐人七言律第一也。元人凭此诗云：“一篇之内，句句皆奇，一句之内，字字皆奇；亦有识者。”

《杜诗镜铨》：“高浑一气，古今独步，当为杜集七言律诗第一。”（清·杨伦）

主任务：《登高》凭什么可以被称为古今七律第一？

（说明：设计这个主任务是为了统领整节课。要回答这个问题，就得从诗歌的韵律、语言运用、意境、内容、情感主旨等方面的独特性或者精彩处去分析。）

（二）初读诗歌，感受音韵美。

分析概括出“顿挫”特点之一：音调抑扬顿挫。

（说明：完成教学任务1部分。）

（三）再读诗歌，感受意境美。

1. 释诗题：登“高”

由登高的传统本诗的背景知识。

2. 找意象：“高”处有什么？

（1）老师示范：赏析首联，与杜甫同时期的两首写景抒情诗《秋兴八首·其一》《阁夜》比较开篇的不同，由此得出本诗在语言上的“凝练沉着”之特色，节奏上的徐急相间的特点。

明确赏析诗句的步骤：

第一步：指出句式特征。倒装句、省略句等。

第二步：指出表达方式。描写、记叙、抒情、议论、说明等。

第三步：表现手法。动静结合、虚实相生、白描、工笔、渲染、烘托、想象、联想等。

第四步：修辞手法。比喻、拟人、夸张、借代、对比等。

第五步：炼字。动词、形容词、副词、数词等。

第六步：表达效果。表现了什么特点，表达了什么情感。

第七步：评价。生动形象，言简意赅，意境全出，言近旨远等。

活动一：小组合作，仿照老师的示范赏析一联诗句。要求按照以上步骤，结合上下句。

（说明：这个环节是老师先赏析，给学生做示范，然后把之前讲过的诗句赏析的步骤再展示出来，让学生按照这个步骤进行赏析，避免学生赏析没有重点和条理。）

（2）小组合作赏析。

（3）小组展示赏析结果。

第一组赏析颔联，体会意境，分析情感。可以联系《秋兴八首（其一）》《阁夜》，体现本诗的高妙。

第二组赏析颈联，体会“悲意”。

补充：

宋代学者罗大经在《鹤林玉露》中析杜甫的《登高》一诗时，说颈联十四字之间含有八意，你能读出是哪八层意思？

明确：“八意”，即八可悲：

他乡作客，一可悲；

常作客，二可悲；

万里作客，三可悲；

又当萧瑟的秋天，四可悲；

年已暮齿，一事无成，五可悲；

亲朋亡散，六可悲；

孤零零地独自去登高，七可悲；

身患疾病，八可悲。

借此引导学生体会本联涵盖杜甫生平，是杜甫一生悲苦遭遇的缩影。理解本诗在表达感情上的高超技术。

第四组赏析尾联。

揣摩情感。

明确本诗都在写悲。“悲”在何处？全诗句句是悲，字字含悲。

悲自然之秋；

悲人生之秋。

那么“悲”的根本是什么?

补充杜甫生平经历。

分析“悲”之根本。联系杜甫诗歌《茅屋为秋风所破歌》，得出悲的根本是：忧国忧民。由此联系当今社会一些让人感动的人。比如，乞讨者把别人施舍给自己的钱全部投入募捐箱里。这些人之所以让人感动，是因为他们本身就很悲惨，是需要别人给予帮助才能活下去的一类人，可是在看到别人有困难的时候，他们并没有去比较谁更需要帮助而是毫不犹豫地把自己的所有都捐献出去。这是因为他们真正地感觉到别人的需要，也真诚地想去帮助别人，这是真正的慈悲。杜甫就是这样一个人，他自己饱尝人间艰辛，多年漂泊，亲友病逝，身逢乱世，年老多病，这几样悲境的任何一样加在一个人的身上都是惨，可是他仍然念着百姓，看到“野哭千家闻战伐，夷歌数处起渔樵”，看到的是国家的艰难与风雨飘摇。他用耳去倾听民间的疾苦声，他用口去叙说百姓的经历、国家的命运，他是当之无愧的诗人之“王”，这就是“圣”。

（说明：这个环节比较长，主要由学生来赏析，老师根据学生的赏析进行梳理、补充和提升。这一部分概括出顿挫的最后一个特点：旋律上的铿锵跌宕。同时概括出沉郁的另外两个特点：内容上的深广丰厚，意境上的雄浑阔大。）

（四）三读诗歌，感受情感美。

1. 分析概括诗歌情感

为凄清悲凉的秋而伤感；

为时光流逝而忧；

为长期漂泊、年老多病孤独无依而愁

为志业无成身已衰老而悲

为一生艰难国家多难而恨

情感的深沉与苍凉形成了杜甫诗歌“沉郁”的特点。这样就将杜甫诗歌的沉郁顿挫都显示出来了：

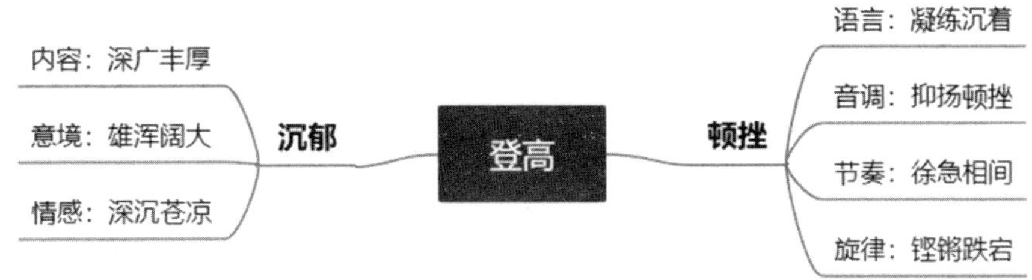

（这一个环节还是延续之前诗歌情感概括的方法，一点点地找出具体的情感，每一种都有依据，每一句都能够分析出情感。）

（五）概括诗人形象

年迈多病

漂泊异乡

孤单愁苦

忧国伤时

（六）诗人的生命追求

直面人生的苦难

抒写人生的苦难

将个人命运与国家命运联系在一起

表现对国家、对百姓的深沉忧心

（说明：最后这两个环节其实可以算一个环节，都是从情感延伸出来的。也是为了不断地提醒学生如何概括诗歌形象，如何表述，形成一种思维的习惯和答题的规范。）

（七）作业

梳理出主任务的答案

《登高》为何被称为古今七律第一？

（说明：这既是回答主问题，同时也是一个梳理作业，让学生通过梳理，再一次把本诗的音韵、意象、意境、情感的特点分析一遍。加深印象。）

7. 评价建议

针对“生命的诗意”这一人文主题，评价的方式有整个小单元上完之后的一个直播活动：选择三位诗人中的任何一位，以直播的方式介绍自己的诗歌，讲述本首诗歌在自己生命中的地位。除此之外，每首诗歌还有单独的探究作业：李白，我想对你说;《登高》为何被称为古今七律第一？白居易，你的泪为谁而落？

而针对诗歌鉴赏这一高考考点来说，评价的方式主要是巩固练习，还有梳理知识和语句赏析。

8. 教学反思

诗歌教学究竟是以单篇教学为主还是以群文阅读的方式进行教学？这一问题在我准备设计“唐代风流”这一小单元的时候一直萦绕在我的脑海里。根据新课标的理念和精神，应该扩大学生的阅读面，以一篇带动若干篇。可是如此一来，我想要完成的教学目标就没有办法完成了。我认为，还是以教学目标为主进行设计。我的教学目标的设定依据就是新课标、新高考，语文教学无论采取什么方式，有两样东西是不能忽略的，那就是：高考要考的要求学生掌握的语文必备知识和关键能力，语文学科的核心素养。基于这样的认识，我觉得诗歌的教学应该兼顾到两个方面：一是诗歌鉴赏的知识；二是语文核心素养。结合本单元的大主题“生命的诗意”，我就确定了要在每首诗歌的学习中强化学生赏析语言的能力、分析概括意境的能力、分析概括诗歌情感的能力，以及体会每位诗人的生命追求的基本目标。

讲完课后，我觉得这些目标基本上都达到了。但是有一些设计还是暴露出问题。表现在：

其一,三首诗歌的内在关联没有体现出来。这一点我自己还没有找到。

其二，有的篇目主任务指向不明确。《登高》的主任务是回答为何是古今七律第一？这个任务其实很难完成，因为涉及七律这种体裁的特点，需要跟学生普及，还要与其他诗歌进行比较。

其三,《登高》目标太多，一节课容量太大。我很想以一发而牵全身，所以，既有诗句赏析的知识，又有沉郁顿挫诗风的概括，还有主题的拓展。显得太杂，不够集中。

其四，虽然设计中提到了其他的篇目，但都只是简单带过，没有真正比较。

9. 单元作业 / 测试（自选项）

假如李白、杜甫、白居易开直播，介绍自己的诗歌，他们会如何介绍这首诗在他生命中的地位？

三、教学实录

《雨巷》教学实录

◉ 教学目标

1. 理解诗歌中的主要意象的内涵。

2. 体会诗歌的音乐美、意境美和情感美。

3. 能对诗歌的思想感情做个性化的理解。

◉ 教学重点

诗歌中主要意象的内涵。

◉ 教学难点

诗歌思想感情的探讨

◉ 教学方法

借助朗读和意象的分析去感受诗歌的美，通过讨论把握诗歌的主题。

◉ 教学课时

一课时

◉ 教学过程

（这一课要学习的是一首很优美的现代诗歌，在上课之前先布置了学生预习，要求学生查找有关丁香的诗歌和图片，并通过查资料了解诗人和写作背景。）

老师（以下简称师）：上课！

学生（以下简称生）：老师好！

师：同学们好！请坐下。今天我们来学习一首现代诗歌，这首诗是现代诗歌史上的一首经典之作，作者因为发表了这首诗而一举成名，很多读者因为读了这首诗而对诗歌的形象向往不已，这首诗就是《雨巷》。同学们都做了预习，请一个同学来简单谈谈自己对《雨巷》的印象。

生：我觉得这首诗很美，就像去年春节联欢晚会上那个节目一样给人一种震撼。

师：我也看了那个节目《小城雨巷》，这个同学用词很准确。震撼，我觉得是这样的，那样的美确实有震撼人心的力量。既然提到了《小城雨巷》，我们干脆再来欣赏一下这个节目的片段吧。

（播放视频《小城雨巷》片段。学生一边看，一边赞叹。）

师：大家感觉怎么样？

生：美，简直是太美了。

师：是啊，灯光、舞美、动作、表情、背景音乐，从各个方面冲击着我们的神经，这是舞蹈给我们带来的享受，这个舞蹈的创意其实来源于《雨巷》这首诗。虽然诗歌不像画面、不像音乐、不像舞蹈那样让人很直观地感受到美，但文字自有它独特的魅力，我们一起来感受吧。请跟着我一起来朗读一遍全诗。

（师生一起有感情地朗读诗歌。）

师：我们在学习第一课时讲过诗歌该怎么读，大家一起来回忆一下。

生：初读——读准字音，读好节奏；二读——读出感情，感受意象；三读——抓住重点，体会主旨。

师：很好。能说说刚才读的时候对这首诗的节奏的感受吗？

生：很有节奏感。（学生笑。）

师：你们别笑，真的是很有节奏感啊。你看“撑着 / 油纸伞 / 独自 / 彷徨在 / 悠长、/ 悠长 / 又 / 寂寥的 / 雨巷……丁香 / 一样的 / 颜色，丁香 / 一样的 / 芬芳，丁香 / 一样的 / 忧愁，/ 在雨中 / 哀怨，哀怨 / 又彷徨。”就好像是轻轻的脚步声一点一点扣击着我们的心房，而且还在我们的心里久久地绕啊绕啊，这叫作什么啊？

生：回环往复。

师：是什么语言形成的效果？

生：反复。

师：对了。反复手法的使用，使情感的表达一咏三叹，回环往复，增添诗歌的音乐美。这是这首诗很突出的一个特点。刚才同学们读的时候字音和节奏都把握得很好，现在请同学们来听一听录音，在听的过程中感受一下诗歌的感情基调。

（播放配乐诗朗诵《雨巷》，有同学在听的过程中呈陶醉状态。）

师：感觉出感情基调了吗？

生：忧伤。

生：彷徨。

生：惆怅。

生：寂寥。

生：凄清。

……

师：你们说的都对，有没有发现，刚才你们说的词语在诗歌中都有提到啊？

生：是的。

师：诗人是怎么把这种情绪表现出来的？

生：通过对姑娘的描写。

师：这是怎样的一位姑娘啊？来，请一个同学描述一下。

生：一个年轻的女郎，应该穿着素色的旗袍，可能还穿着细跟的高跟鞋。（学生笑）

师：你的想象很丰富啊。

生：老师，这个女郎应该是撑着油纸伞，在一条小巷里慢慢地走，神情很忧郁。

师：厉害，连表情都想到了，依据是什么呢？

生：叹息一般的眼光，凄婉，迷茫。

师：找得很准，我们再来找一找，诗歌中还有哪些地方表现她的神情的。请同学们一起读出来。

生（齐声读）：我希望逢着 / 一个丁香一样的结着愁怨的姑娘。她是有 / 丁香一样的颜色，/ 丁香一样的芬芳，/ 丁香一样的忧愁，/ 在雨中哀怨，/ 哀怨又彷徨……

师：同学们读得很有感情。现在我们来了解一下丁香是一种怎样的花，为什么诗人要将姑娘比作这种花。

（画面展示紫色和白色丁香花的各种姿态）

师：你们查找到的有关丁香的诗句是怎么说的？

生：我找到了这样一首诗。李璟的《摊破浣溪沙》：“手卷真珠上玉钩，依前春恨锁重楼。风里落花谁是主？思悠悠。青鸟不传云外信，丁香空结雨中愁。回首绿波三楚暮，接天流。”

生：李商隐的《代赠》：“楼上黄昏欲望休，玉梯横绝月如钩。芭蕉不展丁香结，同向春风各自愁。”

生：许邦才的《丁香花》：“苏小西陵踏月回，香车白马引郎来。当年剩绾同心结，此日春风为剪开。”

师：同学们的预习工作做得很好。我们看看丁香花，看能否从花形和花色上把握它的特点，然后由此展开联想，想到它的象征义。

生：花是簇生的，纠结在一起，就像一个结。

生：花是冷色的。

师：是的，因为纠结，所以古人喜欢用它来比喻愁绪，丁香开花在仲春时节，诗人们对着丁香往往伤春，说丁香是愁品。丁香花白色或紫色，颜色都不轻佻，常常赢得洁身自好的诗人的青睐。那么丁香花可以象征什么呢？

生：美丽、高洁、冷艳、愁怨、哀婉。

师：对了。作者就是通过丁香花这个意象传达出诗歌的忧伤、彷徨、惆怅、寂寥、凄清的感情基调的。请同学们齐声朗读第二节，再次感受诗歌的情感。

（学生齐声朗读。）

师：诗人除了用丁香花来表现女郎的神情，还写了女郎的什么？

生：她的动作。

师：怎样的动作？

生：撑着油纸伞，默默彳亍着。

师：油纸伞是一种怎样的伞？

生： 纸做的，上面涂了一层油。

师： 诗人为什么要让姑娘撑着油纸伞？

生： 油纸伞有点复古的味道。

生： 有怀旧、神秘、迷蒙的特点，而且和雨巷很好地接合起来了。时间是暮春，在寂寥的下着小雨的雨巷，平添了一份冷漠、凄清的氛围，撑着一柄纸伞在风雨中独立消魂的形象，更加让人有无限的遐想。

师： 说得太好了。我们以后要表达出这种效果也可以用上油纸伞了。姑娘撑着伞在哪里走呢？

生： 小巷。

师： 小巷有什么特点？

生： 悠长，寂寥。

师： 那么雨巷呢？

生： 应该是增添一些迷蒙的色彩吧。

生： 让意境更具朦胧美。

师： 很好！我们能不能用两三个词语来概括这首诗的意境？

生： 凄清，忧伤，朦胧。

生： 哀婉，迷惘，朦胧。

生： 忧愁，清淡，朦胧。

师： 你们觉得哪个同学用的词语最好？

生： 第一个。

师： 好，我们就用第一个：凄清，忧伤，朦胧。这种意境的形成是依靠哪些意象呢？请同学们概括一下。

生： 丁香花，油纸伞，雨巷。

师： 其实这些意象不仅仅在这首诗中才有刚才分析的那些象征意义，我们也可以用这样的理解去分析别的诗歌或文章，比如，刚才有个同学说的李商隐的《代赠》，还有同学们熟悉的流行歌曲《丁香花》。只要抓住意象的特征，就可以展开联想，联系到它的象征义。我们再来将全诗朗读一遍，注意语调要与意境相一致。

（全班朗读《雨巷》）

师：你们觉得诗人要表达的是一种怎样的感情？可以结合你们预习时查找的有关诗人和写作背景的资料讨论一下。

（学生分组讨论。）

师：请各组派代表发言。

生：我们组认为，这首诗就是一首单纯的爱情诗，表达的是诗人对心目中的女孩的朦胧的爱恋。他写诗时才二十一二岁，正是爱情萌动的年龄，可能是他见到过这样的女孩，可只是偶遇，他找不到，所以只能靠想象来勾画他心上人的样子。

生：我不同意。即使是朦胧的没有得到的爱情也应该是美好的，为什么诗人总是在表现忧愁呢？我认为结合当时的时代背景，诗人要表现的应该是抒写自己因为不知道中国的路在哪里，自己的路又在哪里而产生的惶惑和惆怅。

生：我比较同意刚才第二个同学所说的。当时很多知识分子都是这样的，他们还不能非常清醒地认识到时局，一方面想要尽一份力；另一方面又不知该往哪条路走，所以就彷徨，就忧伤，还结着愁怨。

生：我觉得可能还有一种对现实的回避吧。你看，他老是想象在悠长、悠长又寂寥的雨巷，那不是很少人去，好像有点与世隔绝吗？

师：你们说的都很有道理。其实，对这首诗的主题的看法，历来就有多种。仁者见仁，智者见智，只要言之有理，我们都可以肯定。也正因为有了对主题的不同看法，使这首本已朦胧的诗更加扑朔迷离起来，当然就更增添了它的朦胧美，这个朦胧，是主题上的朦胧。

师：根据上面的分析，我们可以来概括《雨巷》的艺术特点了，那就是音乐美、意境美、情感美。请同学们下课后听一听由这首诗改编的歌《雨巷》，写一段鉴赏文字。下课！

◉ 课后反思

本节课内容有点多，一节课紧凑了一些，但是重点和难点还是很突出的。我特别有收获的是学生会启发我的思维，比如，一开始我没打算给学生看视频《江南雨巷》的，学生提到了，而恰好我的电脑中就存有，就给学生看了，没想到气氛一下子就带出来，也能让我自然过渡到要学习的内容。而我觉得满意的地方是整节课各个环节的衔接非常自然，很流畅，学生始终能够很投入地去思考、去回答、去讨论，而且体现了诗歌教学的“涵咏”教法，注重在读中去感悟。学生课前的预习工作也做得好，这样我才能完成诗歌主题的探讨。不足的是最后讨论的环节时间紧了一些。

这节课给我的启发有这样几点：1. 要尽量准备多一点儿与教材相关的内容；2. 注重课前的预习；3. 教学不必面面俱到，抓住一个重点，尽量多给学生思考和讨论的时间。